Frei sein

Raus aus der Box
Die Methode samt 99 Übungen

Bernhard Kutzler

Frei sein
Raus aus der Box – Die Methode samt 99 Übungen
Bernhard Kutzler

Coverdesign © Hannes Kutzler, www.HannesKutzler.com
Korrektorat: Birgitt Decker
Verlag: Bernhard Kutzler, Scharnstein, Austria, www.BernhardKutzler.com

ISBN paperback: 978-3-9504875-7-2
ISBN hardcover: 978-3-9504875-8-9
ISBN ebook: 978-3-9504875-9-6

© 2021 Bernhard Kutzler, www.BernhardKutzler.com
Alle Rechte vorbehalten.

1.2

Das Werk einschließlich aller seiner Teile ist urheberrechtlich geschützt. Jede Verwertung, die nicht ausdrücklich vom Urheberrechtsgesetz zugelassen ist, bedarf der vorherigen Zustimmung des Autors. Das gilt insbesondere für Vervielfältigungen, Bearbeitungen, Übersetzungen, Mikroverfilmungen und die Einspeicherung und Verarbeitung in elektronischen Systemen.

Danke, dass Sie eine autorisierte Ausgabe dieses Buches gekauft haben und sich an das Urheberrechtsgesetz halten.

Aus Gründen der Lesbarkeit verzichte ich weitgehend auf die Verwedung geschlechtsspezifischer Formulierungen. Soweit personenbezogene Bezeichnungen nur in männlicher Form angeführt sind, beziehen sie sich auf Frauen und Männer in gleicher Weise.

Inhaltsverzeichnis

Die ANDERE Geschichte vom Adler im Hühnerstall 1
Programme 11
Der Mensch 31
    Gefühle und Gedanken 44
    Bedürfnisse 55
    Angst 66
    Aggression 73
    Der Körper spricht 83
Wachstum 89
    Potenzial und Zweck 104
Misstrauen 107
Freiheit 115
Sackgasse 123
    Der automatische Mensch 145
Der freie Mensch 151
    Freiwerden 157
Die Methode 161
Glossar 175
Ressourcen 177
Danksagung 179

Die ANDERE Geschichte vom Adler im Hühnerstall

Eines Tages legte ein Adler ein Ei in einen Hühnerstall. Das Ei wurde ausgebrütet und der neugeborene Adler lernte von den anderen Vögeln, wie ein Huhn zu leben. Sein Leben war in Ordnung – bis auf eine Sehnsucht, die ihn suchen ließ. Doch nichts, was er fand, befriedigte diese Sehnsucht.

Würde es helfen, wenn ihm jemand sagte, dass er ein Adler ist?

Nein. Der Adler hat gelernt, ein Huhn zu „sein"; er trägt ein „Huhn-Programm" in sich, das ihm sagt, wie er sich in welcher Situation zu verhalten hat. Er fühlt sich sicher, ein Huhn zu „sein" – bis auf die Sehnsucht.

Würde es helfen, wenn er an einem Adler-Seminar teilnähme, um zu lernen, wie ein Adler zu handeln?

Nein. Durch ein Adler-Seminar entstünde ein Adler-Programm, das dem Huhn-Programm übergestülpt würde. Er wäre dann ein Adler, der glaubt ein Huhn zu sein, das gelernt hat, wie ein Adler zu handeln. Das wäre noch viel verkorkster, als einfach als Huhn weiterzuleben.

Damit der Adler ist, was er wahrhaftig ist, muss er aufhören, sich wie ein Huhn zu verhalten. Er muss sich vom Huhn-Programm befreien.

Warum hat die Adler-Mutter ihr Ei in einen Hühnerstall gelegt?

Weil auch sie im Hühnerstall lebt und glaubt, ein Huhn zu sein. Tatsächlich sind ALLE Vögel im Hühnerstall Adler, die glauben, Hühner zu sein – und das ist seit Abertausenden Jahren so.

*

In dieser Geschichte geht es nicht um eine Wertung zwischen Adlern und Hühnern. Adler sind nicht besser als Hühner. Sie sind anders. Es geht darum, im falschen Leben zu landen, weil man unter jenen aufwächst, die auf dieselbe Art auch im falschen Leben gelandet sind. Und es geht darum, wie man sein wahres Leben, dh seine wahre Natur finden kann.

Ich nenne diese Geschichte *„die ANDERE Geschichte vom Adler im Hühnerstall"*, weil sie verschieden ist von der, die Du vielleicht kennst.

In einer üblichen Version der Geschichte vom Adler im Hühnerstall genügt es, wenn jemand dem Adler sagt, dass er ein Adler ist.

Doch das ist eine Illusion. Wenn der Adler sein ganzes Leben als Huhn gelebt hat, *weiß* er, dass er ein Huhn ist. Wenn ihm jemand etwas anderes sagt, wie soll er dem mehr glauben können als seiner lebenslangen Erfahrung? Wie würde es Dir gehen, wenn Dir jemand sagte, dass Du etwas ganz anderes bist als das, was Du heute lebst? Würdest Du aufgrund dieser Information Dein altes Leben aufgeben und ein neues beginnen? Vielleicht müsstest Du dann Familie und Freunde verlassen, den Beruf aufgeben und woanders leben. Hättest Du das Vertrauen und den Mut, das zu tun?

In einer anderen Version der Geschichte vom Adler im Hühnerstall führt jemand den Adler auf einen Berggipfel und gibt ihm einen Fußtritt, damit er, während er nach unten fällt, sich des Fliegens erinnert.

Doch auch das ist eine Illusion. Ein Lebewesen *erinnert* sich nicht an sein Potenzial. Es *entwickelt* sein Potenzial. Dazu braucht es eine Umgebung, die sein Potenzial fordert und dadurch fördert. Betrachten wir einen Geparden. Ein in freier Wildbahn geborener Gepard entwickelt sein Potenzial als Jäger und wird dabei zum schnellsten Säugetier. Er muss sein volles Potenzial entwickeln, um überleben zu können. Bis er genug geübt hat, um selbst Beute zu machen, versorgt ihn seine Mutter mit Nahrung. Ein in Gefangenschaft geborener Gepard lernt, dass seine Nahrung von einem Tierwärter kommt. Er muss nicht schnell laufen und ein Beutetier töten können. Und weil er es nicht muss, entwickelt er dieses Potenzial nicht. Er könnte in freier Wildbahn nicht überleben. Auch wenn er noch so hungrig wäre, er könnte nicht plötzlich schnell genug laufen und ein Beutetier töten.

*

Uns Menschen geht es wie dem Adler im Hühnerstall. Auch wir kopieren die Lebensweise unserer Eltern. Wir tragen ein menschliches Huhn-Programm in uns, das uns sagt, wie wir uns in welcher Situation zu verhalten haben. Dadurch führen wir ein begrenztes Leben und entwickeln nur einen Bruchteil unseres Potenzials.

Was ist unser Adlersein? Was ist unsere wahre Natur?

Das können wir an jenen Menschen sehen, die der wahren Natur des Menschen am nächsten sind: Kinder.

Kinder leben ihre wahre Natur. Sie sind authentisch. Sie fragen permanent mit allen Sinnen auf unzählige Arten ‚Warum?' und ‚Warum nicht?' und lauschen nach Antworten. Dadurch wachsen sie körperlich wie geistig mit enormer Geschwindigkeit. Daraus entstehen ihre Freude am und tiefe Zufriedenheit mit dem Leben.

Es gibt nichts Schöneres, als einem Kind beim Erforschen der Welt zuzuschauen.

Es mag auf den ersten Blick paradox erscheinen, aber ...

... wahre Zufriedenheit mit dem Leben entsteht,
wenn man nie zufrieden ist mit dem, was man erreicht hat.

Kinder sind so. Sie sind nicht zufrieden damit, krabbeln zu können; sie wollen stehen, gehen und laufen. Sie sind nicht zufrieden damit, dass sie jemand beim Gehen an der Hand hält; sie wollen selbstständig gehen. Sie sind nicht zufrieden damit, gefüttert zu werden; sie wollen den Löffel selbst halten. Sie sind nicht mit Grunz- und Stöhnlauten zufrieden; sie wollen alle Sprachen sprechen können, die sie hören. Sie sind nicht zufrieden mit dem, was sie über etwas wissen; sie wollen mehr darüber herausfinden. Sie sind nicht zufrieden mit dem, was sie erreichen können; sie wollen das Unerreichbare erreichen. Ständig wollen Kinder mehr wissen, mehr können und mehr erreichen. Sie wollen ohne Unterlass wachsen. Die Kraft dahinter ist ihre unbändige Neugier.

Neugierig die Welt zu erforschen und dadurch zu wachsen,
ist unsere wahre Natur. Das ist unser Adlersein.

Doch dieses zutiefst erfüllende Leben hört auf, wenn Kinder älter werden. Es hört auf, weil sie die Lebensweise ihrer Eltern kopieren. Es hört auf, weil sie hören, dass sie mit dem, was ist, zufrieden sein sollen. Das ist eine dumme Aufforderung, die nicht nur gegen die Natur des Menschen, sondern gegen die Natur des Lebens gerichtet ist. Mit den Kindern geschieht dasselbe wie mit dem jungen Adler im Hühnerstall. Da das Leben der Erwachsenen aus Programmen und Beschränkungen besteht, lernen die Kinder, ein Leben zu führen, das aus Programmen und Beschränkungen besteht.

Der Apfel fällt nicht weit vom Stamm.
(Sprichwort)

Dieses begrenzte Leben wird als „*Ernst des Lebens*" bezeichnet. Hast Du diese Phrase schon einmal hinterfragt? Warum sollte das Leben nur während der Kindheit freudvoll und zutiefst erfüllend sein? Warum sollte das Leben als Erwachsener ernst und begrenzt sein?

Da stimmt etwas nicht – und die ANDERE Geschichte vom Adler im Hühnerstall zeigt, *was* da nicht stimmt.

Der Adler im Hühnerstall lebt wie ein Huhn. 99 % seines Verhaltens kommen von seinem Huhn-Programm. Das Huhn-Programm ist sein Gefängnis. Der Ernst seines Lebens ist, wie ein Huhn zu leben.

Uns geht es ebenso. Auch wir sind fast ausschließlich von einem menschlichen Huhn-Programm gesteuert. Dieses Programm ist unser Gefängnis. Im Großen und Ganzen leben wir das Leben unserer Eltern – mit kleinen Veränderungen. Unsere Eltern leben (bzw lebten) im Großen und Ganzen das Leben ihrer Eltern – mit kleinen Veränderungen. Und so weiter. Das reicht zurück bis zu den Anfängen des Menschen.

Was geschah damals?

Biologisch sind wir Affen. Doch offensichtlich sind wir mehr als Affen, denn sonst würden wir immer noch in Wäldern leben und auf Bäumen herumklettern. Wir können uns *anders* als ein Affe verhalten.

Vor langer Zeit haben wir begonnen, diese Fähigkeit zu nutzen. Wir haben uns ein wenig anders als Affen verhalten. Jede neue Generation hat die Verhaltensweise der vorangegangenen Generation kopiert und sich wieder ein wenig anders verhalten. So haben wir uns schrittweise vom Leben eines Affen entfernt. Nach Abertausenden von Jahren entstand die heutige Lebensweise.

Du könntest einwenden, dass es auf diesem Planeten viele verschiedene Lebensweisen gibt. Ein Japaner lebt anders als ein Deutscher. Du lebst anders als Deine Nachbarin. Doch diese Unterschiede sind nur oberflächlich. Allen menschlichen Lebensweisen gemeinsam ist eine in Jahrzehntausenden entstandene Vorstellung davon, was ein Mensch ist, welche Möglichkeiten man als Mensch hat und wie man im Großen und Ganzen als Mensch lebt. Zu dieser Vorstellung gesellen sich noch kulturelle, religiöse, nationale, regionale, familiäre und individuelle Besonderheiten. In Summe ergibt das die Box, in der ein Mensch geistig gefangen ist. Wir nennen sie die *menschliche Box*. Sie besteht aus zahllosen Programmen.

Die menschliche Box

Die menschliche Box ist weder richtig noch falsch. Die ANDERE Geschichte vom Adler im Hühnerstall zeigt, dass sie uns individuell und kollektiv limitiert, sodass jeder von uns nur einen Bruchteil seines Potenzials entwickelt und lebt.

*

Was macht diese Erkenntnis mit Dir?

Vielleicht sagst Du: Ich bin zufrieden mit meinem Leben. Ich weiß, wie ich mich in welcher Situation zu verhalten habe. Das gibt mir Sicherheit und die ist mir wichtiger als alles andere.

Mit Deinem Leben so, wie es ist, zufrieden zu sein ist eines Deiner Programme. Wenn Du an diesem Programm festhältst, triffst Du damit eine Wahl. Diese Wahl ist weder richtig noch falsch.

Du könntest auch sagen: Es ist bemerkenswert (oder welches Wort auch immer Du hier einsetzen möchtest), was ich in meinem Leben erreicht habe, obwohl ich nur einen Bruchteil meines Potenzials entwickelt habe. Doch ich habe immer schon gespürt, dass mehr in mir steckt; ich möchte wissen, was das ist.

In diesem Fall zeigt Dir die ANDERE Geschichte vom Adler im Hühnerstall, wie Du Deine wahre Natur finden kannst. Sie zeigt Dir auch, wie Du sie *nicht* finden kannst.

Es nützt nichts, wenn Dir jemand sagt, was Deine wahre Natur ist. Du könntest nicht wissen, ob das, was Dir gesagt wurde, stimmt. Und selbst wenn es stimmt, ist Dir bei der Umsetzung die menschliche Box im Weg.

Es nützt auch nichts, wenn Du Seminare besuchst, um etwas zu erlernen, von dem Du glaubst oder hoffst, dass es Deine wahre Natur ist. Das Gelernte wäre ein Programm, das Deinen Programmen übergestülpt würde. Dein Verhalten wäre aufgesetzt und daher nicht echt. Du könntest nicht authentisch sein, weil Dir die menschliche Box im Weg stünde.

Du brauchst Deine wahre Natur nicht zu suchen. Sie ist in Dir. Sie ist „unter" Deinen Programmen. Sie ist in der menschlichen Box gefangen, die Dein menschliches Huhn-Programm ist. Wenn Du Deine wahre Natur kennenlernen möchtest, musst Du sie *befreien*. Dazu musst Du Dich von Deinen Programmen befreien. Du musst die menschliche Box verlassen.

*

Welche Erfahrungen habe ich, um über dieses Thema kompetent zu schreiben?

Seit 2011 erforsche ich die menschliche Box und wie man sie verlässt mit der Sorgfalt eines gelernten Wissenschaftlers.

Davor war ich mehr als zwanzig Jahre lang ein erfolgreicher Mathematiker und Geschäftsmann. Ich lehrte an einer Universität und entwickelte Lehrmittel. Es war eine schöne und abwechslungsreiche Karriere. Doch eines Tages erkannte ich, dass ich nur funktionierte – sowohl im Berufs- als auch im Privatleben. Ich beendete meine Karriere und begann 2011 mit der Erforschung der menschlichen Box und wie man sie verlässt. 2014 verabschiedete ich mich von Familie und Freunden, verkaufte meine Wohnung und zog in die Nähe der österreichischen Berge. Als Teil meiner Erforschung lebte ich 3,5 Jahre ohne sozialen Umgang und ohne Medienkonsum. Diese Forschung ist mein Lebensthema.

*

Kennst Du den Film ‚Matrix'? Darin gibt es die legendäre Szene, in der Neo und Morpheus einander zum ersten Mal begegnen.

Morpheus: Du fühlst Dich im Moment sicher wie Alice im Wunderland, während sie in den Kaninchenbau stürzt. Du siehst aus wie ein Mensch, der das, was er sieht, hinnimmt, weil er damit rechnet, dass er wieder aufwacht. Ironischerweise ist das nah an der Wahrheit.

Du bist hier, weil Du etwas weißt. Etwas, das Du nicht erklären kannst. Aber Du fühlst es. Du fühlst es schon Dein ganzes Leben lang, dass mit der Welt etwas nicht stimmt. Du weißt nicht was, aber es ist da. Wie ein Splitter in Deinem Kopf, der Dich verrückt macht.

Weißt Du, wovon ich spreche?

Neo: Von der Matrix?

Morpheus: Möchtest Du wissen, was genau sie ist?

Neo nickt.

Morpheus: Die Matrix ist allgegenwärtig. Sie umgibt uns. Es ist eine Scheinwelt, die man Dir vorgaukelt, um Dich von der Wahrheit abzulenken.

Neo: Welche Wahrheit?

Morpheus: Dass Du ein Sklave bist. Du wurdest wie alle in die Sklaverei geboren und lebst in einem Gefängnis, dass Du weder anfassen noch riechen kannst. Ein Gefängnis für Deinen Verstand. Dummerweise ist es schwer, jemandem zu erklären, was die Matrix ist. Jeder muss sie selbst erleben.

Morpheus bietet Neo zwei Kapseln an: Dies ist Deine letzte Chance. Danach gibt es kein Zurück. Schluckst Du die blaue Kapsel, ist alles aus. Du wachst in Deinem Bett auf und glaubst an das, was Du glauben willst. Schluckst Du die rote Kapsel, bleibst Du im Wunderland und ich führe Dich in die tiefsten Tiefen des Kaninchenbaus.

Die menschliche Box ist die Matrix Deines Lebens. Sie ist ein Gefängnis für Deinen Verstand. Welche Kapsel wählst Du?

Wenn Du die blaue Kapsel wählst, schließe das Buch. Verstaue es im Keller, wirf es weg oder verschenke es. Wenn Du die rote Kapsel wählst, lies weiter. Dieses Buch ist ein Reiseführer in den Kaninchenbau. Ich zeige Dir die wichtigsten Teile der menschlichen Box. Und ich zeige Dir, wie Du sie verlassen kannst.

*

Mache Dich für einen fundamentalen Perspektivenwechsel bereit. Alles, was Du dafür brauchst, ist Neugier. Dabei spreche ich nicht von der Neugier nach dem neuesten Klatsch über Nachbarn, Verwandte oder Prominente. Ich spreche auch nicht von der Neugier, welche neue Theorie in der Biologie en vogue ist. Ich spreche von der Neugier, die den Mut hat, Bekanntes, Gewohntes und Komfortzonen zu verlassen, um Neues zu entdecken und zu erforschen.

Kinder haben diese Neugier. Sie verlassen ständig ihre Komfortzonen, um Neues in ihr Leben einzuladen. Kinder sind fokussiert, initiativ, mutig und wollen alles selbst entdecken. An diesen Merkmalen erkennst Du die wahre Neugier in Dir.

Wenn Dir auf den folgenden Seiten Perspektiven begegnen, die Dir unbehaglich sind, nimm Deinen ganzen Mut zusammen und lass Dich auf sie ein. Schau, was dabei herauskommt. Du kannst jederzeit wieder zu Deinen alten Perspektiven zurückkehren, wenn Du das möchtest. Gib den neuen Perspektiven zumindest eine Chance.

*

Ich werde häufig gefragt: *„Was habe ich davon, wenn ich mich von meinen Programmen befreie und die menschliche Box verlasse?"*

Du findest Deine wahre Natur und damit Dein volles Potenzial. Das eröffnet Dir die Grenzenlosigkeit Deines Seins sowie das größtmögliche Erfüllungserlebnis.

Allerdings ist diese Antwort nicht greifbar, weil sie außerhalb des Erfahrungshorizonts liegt. Du brauchst wahre Neugier, um die Frage *„Was bin ich?"* als Motiv für das Verlassen der Box, die aus Deinen Programmen besteht, zu wählen.

Ein Kind hat diese Neugier. Es verlässt jeden Tag seine Box, ohne zu fragen, was es davon hat.

Ich hatte 2011 diese Neugier. Ich wollte meine wahre Natur und mein ganzes Potenzial kennenlernen. Deshalb bin ich „losmarschiert", ohne zu wissen, was mich erwartet. Von je mehr Programmen ich mich befreite, desto näher kam ich meiner wahren Natur und desto erfüllender wurde mein Leben. Mein „altes" Leben mit meiner Mathematik-Karriere erschien mir damals ein erfülltes Leben. Doch die Erfüllung, die ich heute erlebe, geht weit über das hinaus. Diese Steigerung lässt sich nicht mit Worten beschreiben. Du kannst sie nur erleben. Und Du erlebst sie nur, wenn Du den Mut hast, diesen Weg zu gehen.

Doch es gibt einen weiteren, einen handfesten Nutzen: Deine Gesundheit.

Meine Erfahrung ist, dass jede Erkrankung, jeder Schmerz und jeder Unfall mit Programmen oder dem Umgang mit Lebenssituationen zusammenhängt.[1] Erkrankungen, Unfälle und Schmerzen sind

---

[1] Dazu gehören auch Ernährung und Bewegung. Hunger, Appetit und Bewegungslust können durch Programme ganz oder zum Teil verzerrt sein – oder Du hast gelernt, Deine natürlichen Signale zu ignorieren.

Aufforderungen, etwas zu verändern.[2] Je weiter sich ein Mensch von seiner wahren Natur entfernt, desto „lauter" spricht der Körper auf diese Art. Missachtet man diese Stimmen jahrelang, können schwere oder chronische Erkrankungen, chronische Schmerzen, eine Häufung von Unfällen oder widrige Lebensumstände entstehen. Je näher jemand seiner wahren Natur kommt, desto gesünder wird er und desto glatter verläuft sein Leben. Diese Erfahrung habe ich wieder und wieder gemacht.

Allerdings hat diese Antwort eine Einschränkung. Gesundheit ist ebenso relativ wie Erfüllung. Während meiner Mathematik-Karriere fühlte ich mich gesund. Doch nach Jahren der systematischen Befreiung von meinen Programmen habe ich eine Gesundheit erlangt, die weit über das hinausgeht, was ich damals für Gesundheit gehalten habe. Diese Verbesserung lässt sich nicht mit Worten beschreiben. Du kannst sie nur erleben. Und Du erlebst sie nur, wenn Du den Mut hast, diesen Weg zu gehen.

*

Dieses Buch ist ein **Arbeitsbuch**. Es enthält 99 Übungen, die in den Text integriert sind. Die Übungen helfen Dir beim Entdecken und Erkennen der menschlichen Box und bereiten Dein Freiwerden von vielen Deiner Programme vor.

Nimm Dir für die Übungen reichlich Zeit und mache sie schriftlich. Es macht einen Unterschied, ob Du eine Übung im Kopf oder auf Papier machst. Notiere alles, was Dir zur Übung einfällt. Wenn Du mit dem Platz nicht auskommst, verwende zusätzliches Papier. Analysiere und überarbeite Deine Notizen. Das hilft Dir, eine Vogelperspektive einzunehmen und Muster zu erkennen. Diese Muster zeigen Dir Programme. Die Übung setzt auch den Prozess des Freiwerdens von den jeweiligen Programmen in Gang.

---

[2] Am Ende des Kapitels „Der Mensch" erzähle ich im Abschnitt „Der Körper spricht" anhand einiger Beispiele, was ich diesbezüglich erlebt habe.

Programme

Wer hat heute Morgen Dein Frühstück gewählt?

Du wirst wahrscheinlich antworten, dass Du es gewählt hast.

Bist Du Dir sicher? Du bist in einer Umgebung aufgewachsen, in der die Menschen den Tag mit einem Frühstück begonnen und dafür gewisse Nahrungsmittel gewählt haben. Dadurch hast Du Dich daran gewöhnt, einen Tag mit einem Frühstück zu beginnen und dafür gewisse Nahrungsmittel zu wählen. Wärest Du in einer Umgebung mit anderen Frühstücksgewohnheiten aufgewachsen, zB in Japan, hättest Du heute etwas anderes gefrühstückt. Deine Frühstücksgewohnheit hat heute Morgen Dein Frühstück gewählt.

Übung 1: Analysiere, warum Du heute genau dieses Frühstück gewählt hast.

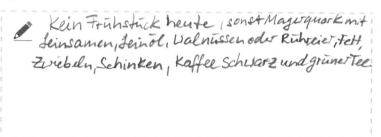

Wie starr ist Deine Frühstücksgewohnheit?

Wahrscheinlich lässt sie Dir gewisse Wahlmöglichkeiten, wie zB Tee, Kaffee oder Kakao als Heißgetränk. So ein Repertoire kann entstanden sein, weil Deine Eltern variiert haben; oder weil Vater und Mutter verschieden gewählt haben.

Hast Du zumindest im Rahmen dieses Repertoires frei gewählt? Vielleicht ja, vielleicht nein. Um das herauszufinden, musst Du Dir ansehen, was Du die vergangenen, sagen wir hundert Tage zum Frühstück gewählt hast. Falls es dabei ein Muster gibt, wie zB meistens

Kaffee, hat sehr wahrscheinlich heute dieses Muster gewählt – und nicht Du.

Eine Gewohnheit ist dasselbe wie ein Muster. Ein Muster ist dasselbe wie ein Programm.

Wie entstehen Gewohnheiten/Muster/Programme? Viele entstehen durch Wiederholung. Doch sie sind veränderbar.

Ich bin mit österreichischen Essgewohnheiten aufgewachsen. Dazu gehört, den Tag mit einem Frühstück zu beginnen. Ich aß jeden Tag ein Frühstück, ohne dass ich mich je fragte, ob ich überhaupt hungrig bin.

Eines Tages las ich ein Buch über das Fasten. Darin stand, dass das Frühstück (englisch ‚break-fast') das Brechen des nächtlichen Fastens ist. Frühstückt man nicht, wird das nächtliche Fasten um ein paar Stunden verlängert – und das sei gesund. Dieses Argument überzeugte mich und so gab ich mein ‚täglich frühstücken'-Programm von einem Tag auf den anderen auf und ersetzte es durch das ‚nie frühstücken'-Programm. Dieses Programm entstand nicht durch Wiederholung, sondern durch eine Entscheidung. Natürlich wäre, zu frühstücken, wenn man hungrig ist.

Einige Jahre lang war Schweinsbraten meine Leibspeise. Auch eine Leibspeise ist ein Programm. Mein Schweinsbraten-Programm ist so entstanden: Als Kind aß ich kein Fleisch. Ich war etwa zwölf Jahre alt, als ich zusammen mit Eltern und Bruder einen Onkel besuchte. Er servierte, wie sonst auch, einen Schweinsbraten. Zum ersten Mal in meinem Leben probierte ich davon. Als mein Onkel das sah, sagte er: *„Das freut mich! Jetzt bist Du erwachsen geworden."* Meine Eltern pflichteten ihm bei. Ich wurde für das Essen von Schweinsbraten mit einem sozialen Upgrade belohnt. Welcher Zwölfjährige möchte nicht zu den Erwachsenen gehören? Ab diesem Tag war Schweinsbraten meine Leibspeise.

Dieses Programm änderte sich Jahre später. Nachdem ich einen Vortrag über die Wirkung von Schweinefleisch gehört hatte, besorgte ich mir Bücher zu diesem Thema. Die Argumente überzeugten mich und ich beschloss, kein Schweinefleisch mehr zu essen. Das war zunächst auch nur ein Programm. Doch diesmal sollte sich herausstellen, dass das gut für mich war.

Nachdem ich etwa zwei Jahre lang kein Schweinefleisch gegessen hatte, aß ich einen Faschierten Braten, der angeblich zu 100 % aus Rindfleisch bestand. Er schmeckte sehr gut. Doch nach einer Stunde bekam ich starke Magenkrämpfe. Ein Verdacht stieg in mir hoch und ich bohrte nach, ob der Braten tatsächlich nur aus Rindfleisch zubereitet worden war. Es stellte sich heraus, dass zur Hälfte Schweinefleisch drinnen war. Ich hatte unwissentlich ein Experiment gemacht, das klärte, ob mir Schweinefleisch tatsächlich nicht guttat oder ob ich mir das nur einbildete. Ich wusste nun, dass ich Schweinefleisch nicht vertrage.

Ich beschäftigte mich weiter intensiv mit Ernährung. Ich las viele Bücher und machte eine Ausbildung zum Ernährungsberater. Ich wurde Vollwertköstler, dann Vegetarier, dann Trennköstler, dann Veganer. Doch das waren alles nur Programme. Ich wendete jene Regeln an, die ich gelernt hatte und die mich überzeugten. Ich aß nicht mehr, was mein Körper brauchte, ich aß, was nach der Meinung anderer Leute gesund war. Ich hatte meinen natürlichen Appetit mit Ernährungstheorien zugemüllt. Heute weiß ich, was das war: eine Essstörung.

Übung 2: Analysiere Deine Essprogramme. Wie oft isst Du pro Tag? Wann isst Du? Was isst Du? Wie sehr variierst Du? Gibt es Zusammenhänge mit der Jahreszeit? Mit der Lebenssituation? Haben sich Deine Essprogramme im letzten Jahr verändert? Welche Veränderungen waren das? Welche Auslöser gab es dafür?

Übung 3: Finde die Ursprünge Deiner Essgewohnheiten. Was hast Du als Kind gegessen? Welche Essgewohnheiten hatten Deine Eltern? Hast Du etwas aus Büchern, Artikeln, Vorträgen oder Seminaren übernommen? Hast Du etwas von Deinem Partner übernommen? Warum hast Du das getan?

> ✏️ Als Kind aß ich viel Zucker (Marmelade, Nutella, Schokolade) Brot, Nudeln, Fleisch. Wenig Fett. Viel Schweinefleisch. Trank Cola, Limonade, Karo-Kaffee, schwarzen Tee, Wasser. Blattsalate, Gemüse aus der Dose, TK. Wurst, Käse
> Vater aß alles, auch viel Fett, Weißbrot, Süßkram, englische Marmelade, viel Fleisch - hauptsächlich Schwein, trank Kaffee, Bier, Wein.
> Mutter aß alles, aber wenig Fett, viel Schweinefleisch, Brot, Wurst. Trank Kaffee + Wein.
> → bis zu meiner Erkrankung konsumierte ich viel Zucker, Wurst, Fleisch. Wenig Fett, wenig Gemüse, wenig Salat.
> → Konditionierung, Vorbild.

*

Bevor Du Dich von Deinen Programmen befreien kannst, musst Du sie erkennen und erforschen. Dafür musst Du nach der Wahrheit graben. Das geschieht, indem Du Dich, Deine Perspektiven, Deine Handlungen und Deine Gedanken wieder und wieder in Frage stellst.

*

Essen macht nur einen kleinen Teil des täglichen Verhaltens aus. Du kannst obige Überlegungen auf alle Verhaltensweisen eines Tages anwenden. Du wirst erkennen, dass die meisten Deiner täglichen Handlungen von Programmen erzeugt werden.

Übung 4: Mache eine Liste Deiner Gewohnheiten. Überlege für jeden Punkt auf dieser Liste, seit wann Du diese Gewohnheit hast, woher sie kommt und warum Du damit begonnen hast.

✏ <u>Abends Fernsehen</u> → seit ich Kind bin, brachte Freude und Verband, familiär als auch sozial. Entspannte, lenkte ab von Stress + Kommunikationslosigkeit.

<u>Ordnungs- und Sauberkeitsfimmel</u> → kleine Wohnung verlangt Ordnung + Sauberkeit, bin damit aufgewachsen, stammt von Mutter.

*

Was siehst Du auf diesem Bild?

Du siehst ein weißes Quadrat, das vier schwarze Kreisflächen teilweise überdeckt. Allerdings gibt es in diesem Bild kein Quadrat, denn es gibt in ihm keine vier gleich langen Seiten, die in 90°-Winkeln aufeinander stehen. Das Bild zeigt nur vier schwarze Dreiviertel-Kreisflächen, die wie Pac-Man-Figuren aussehen.[3]

Trotz dieser Erkenntnis siehst Du weiterhin ein weißes Quadrat.

Warum siehst Du etwas, das nicht da ist?

Es gibt ein Quiz, bei dem der Titel eines Liedes gesucht ist, von dem Du nur die ersten paar Noten gehört hast. Das kann nur gelingen, wenn Du die Melodie kennst, dh, wenn Du mit ihr *vertraut* bist. Ebenso kannst Du ein Dir bekanntes Objekt oder eine Dir bekannte Person in einer Skizze erkennen, wenn sie genug charakteristische Merkmale des Objekts oder der Person zeigt. Karikaturen sind von dieser Art.

In obigem Bild sind die vier Pac-Man-Figuren so angeordnet, dass sie die charakteristischen Merkmale eines Quadrats zeigen: vier rechte Winkel, Geradheit, viele Gleichheiten und fünf Symmetrien.

o   Du siehst ein Quadrat, weil Du ein Quadrat erkennst.

---

[3] Pac-Man war in den 1980er-Jahren ein weit verbreitetes Videospiel.

- Du erkennst ein Quadrat, weil das Bild ein Quadrat andeutet.
- Das Bild deutet ein Quadrat an, weil es genug charakteristische Merkmale eines Quadrats aufweist.
- Diese charakteristischen Merkmale reichen Dir, um ein Quadrat zu erkennen, weil Du mit Quadraten vertraut bist.
- Du bist mit Quadraten und Rechtecken vertraut, weil Du in Deinem Leben unzählige Quadrate und Rechtecke gesehen hast, wie zB Bücher, Schachteln, Fliesen, Türen, Räume und Häuser.
- Die zivilisierte Welt ist voller Quadrate und Rechtecke. Wer in ihr lebt, wird *programmiert (konditioniert)*, Quadrate und Rechtecke zu sehen.

Doch auch nach dieser Analyse bleibt es schwierig, *kein* weißes Quadrat zu sehen, das vier schwarze Kreisflächen teilweise überdeckt. Warum?

Deine Vertrautheit mit Quadraten ist so groß, dass Du *süchtig* danach bist, Quadrate zu sehen. Eine *Gewohnheit* ist ein Programm, dem Du schwer entkommst. Eine *Sucht* ist ein Programm, dem Du sehr schwer entkommst.

Weil Du ein starkes Quadrat-Programm hast, vervollständigt Dein Verstand die Andeutung eines Quadrats automatisch zu einem Quadrat. Daher siehst Du ein Quadrat, obwohl keines da ist.

Erkennst Du Dein geistiges Gefängnis?

> **Übung 5**: Finde einen Weg, um kein weißes Quadrat, sondern nur vier schwarze Dreiviertel-Kreisflächen (Pac-Man-Figuren) zu sehen. Übe.

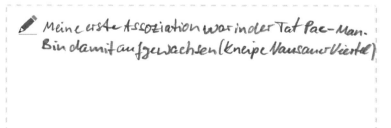

Meine erste Assoziation war in der Tat Pac-Man. Bin damit aufgewachsen (Kneipe Hausauer Viertel)

Du nimmst wahr, was wahrzunehmen Du gelernt hast.

Das gilt für jegliches Verhalten, inklusive Denken. Du verhältst Dich, wie Dich zu verhalten Du gelernt hast. Du denkst, wie bzw was zu denken Du gelernt hast. Bei einem passenden Auslöser erzeugt Dein Verstand automatisch ein gewohntes Verhalten oder einen gewohnten Gedanken.

*

Während Du aufwächst, bist Du von Menschen umgeben, üblicherweise Deinen Eltern. Dabei übernimmst Du die Programme (Gewohnheiten, Muster) und Wertvorstellungen dieser Menschen. Du kannst nicht anders, weil Du als Mensch so funktionierst. Warum Du so funktionierst, besprechen wir im nächsten Kapitel.

Wenn Du als Kind etwas gesagt oder getan hast, haben die Blicke, Worte, Tonlagen und Handlungen Deiner Eltern Zustimmung oder Ablehnung signalisiert. Was Zustimmung einbrachte, hast Du immer öfter getan. Was Ablehnung einbrachte, hast Du immer seltener getan. Gleichzeitig wurdest Du süchtig nach Zustimmung.

Wir können nicht anders, als permanent Signale der Zustimmung oder Ablehnung auszusenden. Unsere Körpersprache samt Mimik zeigt, wie wir zu etwas stehen. Und wie wir zu etwas stehen, hängt von unseren Programmen und Wertvorstellungen ab. Daher konnten Deine Eltern nicht anders, als Dich im Sinne ihrer Programme und Wertvorstellungen zu programmieren. Und daher kannst Du nicht anders, als Deine Kinder im Sinne Deiner Programme und Wertvorstellungen zu programmieren.

Durch Belohnung von ‚gutem' und Bestrafung von ‚schlechtem' Verhalten lässt sich jede Lebensform programmieren. Die Lernpsychologie nennt das *Konditionierung*. Tiertrainer verwenden diese Methode, um Tieren etwas beizubringen. Wir Menschen verwenden diese Methode in tausendfach verfeinerter Form. Wir belohnen und bestrafen einander laufend – manchmal offensichtlich, oft subtil.

Jeder Mensch gehört mehreren sozialen Gruppen an, wie zB Kultur, Religion, Nation, Region, Familie, Partnerschaft usw. Jede Gruppe hat ihre eigenen Regeln (Programme). Dadurch entstehen die kulturellen, religiösen, nationalen, regionalen und familiären Anteile der menschlichen Box. Befolgst Du die Gruppenregeln, wirst Du belohnt: Du erhältst Lob, Applaus, Noten, Zeugnisse, Orden, Titel, Geld, Liebe usw. Befolgst Du sie nicht, wirst Du bestraft: Du wirst ausgelacht, getadelt, beschimpft, geächtet, verstoßen, eingesperrt usw.

Manche Gruppenregeln sind als Gesetze niedergeschrieben und es gibt Maßnahmen, ihre Einhaltung zu erzwingen. Andere sind freiwillig – wie zB die Mode.

> **Übung 6**: Welchen sozialen Gruppen gehörst Du an? Welche Regeln gelten in diesen Gruppen? Wie tolerant sind diese Gruppen in Bezug auf Regelverstöße? Wie tolerant bist Du? Welchen sozialen Gruppen hast Du als Kind bzw Jugendlicher angehört? Welche Muster sind daraus entstanden?

✎ Europäer
Deutscher
Christlich geprägt ⎱ eingeschränkt tolerant
Heterosexuell ⎰
Männlich
Sportlich (Tanzverein, früher Volleyball, Rudern, Fußball, Squash, Leichtathletik)

→ Einhaltung von Regeln ist mir wichtig.

Übung 7: Was tust Du, um dazuzugehören? Beantworte diese Frage für jede der sozialen Gruppen, die Du in der vorigen Übung gefunden hast.

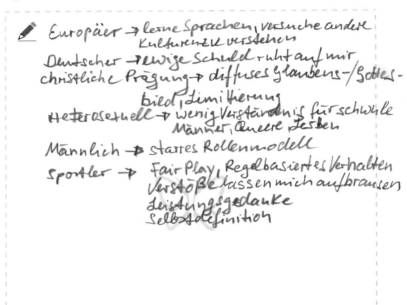

Europäer → lerne Sprachen, versuche andere Kulturen zu verstehen
Deutscher → ewige Schuld ruht auf mir
christliche Prägung → diffuses Glaubens-/Gottesbild, Limitierung
Heterosexuell → wenig Verständnis für schwule Männer, Queere, Lesben
Männlich → starres Rollenmodell
Sportler → Fair Play, Regelbasiertes Verhalten, Verstöße lassen mich aufbrausen, Leistungsgedanke, Selbstdefinition

Die Einhaltung mancher Regeln, wie zB mit der Mode zu gehen, kostet Geld.

Da wir gelernt haben, dazugehören zu wollen und wir süchtig nach Zustimmung sind, müssen wir genug Geld verdienen, um uns kaufen zu können, was uns Zugehörigkeit und Zustimmung einbringt.

Die Menschen arbeiten, um genug Geld zu verdienen, damit sie dazugehören und Zustimmung erhalten – statt dass sie die Arbeit verrichten, die ihnen Freude und Erfüllung bringt.

Ein österreichischer Schauspieler und Kabarettist hat in einer von etwa 500 Zuschauern besuchten Vorstellung gefragt: *„Wer würde das, was er arbeitet, auch dann tun, wenn er dafür bezahlen müsste?"* Zwei Personen von 500 meldeten sich.[4]

Übung 8: Würdest Du das, was Du arbeitest, auch dann tun, wenn Du dafür bezahlen müsstest? Wenn ja, bist Du Dir sicher? Wenn nein, analysiere Deine berufliche Tätigkeit. Gibt es Teile Deiner Arbeit, die Du tun würdest, wenn Du dafür bezahlen müsstest?

Nein.

Auch im Privatleben geht es um Zustimmung, meist in Form von Lob und Liebe. Auch im Privatleben bezahlst Du für Zustimmung. Du bezahlst für Lob und Liebe, indem Du Dich so verhältst, wie die anderen es wünschen – bzw wie Du glaubst, dass sie es wünschen. Du lobst, um gelobt zu werden. Du belohnst, um belohnt zu werden. Du liebst, um geliebt zu werden. Das sind Tauschgeschäfte.

---

[4] Wenn Du gerne malst, musst Du dafür bezahlen, um malen zu können, denn Du musst Farbe, Pinsel, Leinwände usw kaufen. Ist Dein Beruf gleichzeitig Dein Hobby? Du könntest statt ‚dafür bezahlen' auch ‚investieren' sagen.

Verwandtenbesuche sind typische Beispiele. Vielleicht hast auch Du in Deiner Kindheit etwas in der folgenden Art gehört: *„Wir müssen heute Tante Hilde besuchen. Die hat Dir zum Geburtstag einen Bausatz geschenkt. Dafür musst Du Dich bedanken. Sie wartet darauf."*

>**Übung 9**: Wähle eine Person, mit der Du verwandt und in Kontakt bist. Analysiere Deine Beziehung zu dieser Person. Warum tust Du, was Du tust? Finde die Tauschgeschäfte in dieser Beziehung.

Das Leben in der menschlichen Box ist voller Tauschgeschäfte und Abhängigkeiten.

Kinder handeln vorwiegend aus Neugier.
Erwachsene handeln vorwiegend aus Sucht nach
Zustimmung.

Diese Sucht ist subtil und vielschichtig. Es braucht viel Selbstehrlichkeit, um sie zu erkennen. Und es braucht viel Übung, um diese Selbstehrlichkeit zu erlangen.

Übung 10: Bei welchen Gelegenheiten handelst Du, um Zustimmung zu erhalten?

Übung 11: Wo machst Du mit wem welche Tauschgeschäfte?

Übung 12: Betrachte die „großen" Entscheidungen in Deinem Leben. Wie hätte Dein Vater in diesen Situationen entschieden? Wie Deine Mutter? Wie andere Bezugspersonen?

Übung 13: Beobachte Deine Gedanken. Warum denkst Du, was Du denkst? Vergleiche Deine heutigen Gedanken mit denen von gestern. Welche Muster gibt es in Deinem Denken?

*

Wenn Du Dein Leben analysierst, erkennst Du, dass fast allen Handlungen und Gedanken Muster zugrundeliegen. Sie sind das Ergebnis von Programmen. Du bist zu 99 und mehr Prozent von Deinen Programmen gesteuert. Mit anderen Worten: Du bist zu 99 und mehr Prozent auf Autopilot.

*

Wie geht es Dir mit dem Gedanken, zu etwa 99 % auf Autopilot zu sein?

Wenn Du nicht schockiert oder entsetzt bist, hast Du die Tragweite dieser Einsicht möglicherweise nicht erfasst. Bezweifelst Du die Zahl 99?

Der griechische Philosoph und Naturforscher Aristoteles lebte vor mehr als 2300 Jahren. Er hat gesagt:

95 % von dem, was wir tun, ist Gewohnheit.
(Aristoteles)

Gewohnheiten sind Programme. Also hatte bereits Aristoteles erkannt, dass die Menschen zu 95 % von ihren Programmen gesteuert sind. Doch das war vor 2.300 Jahren! Damals gab es kein Fernsehen, kein Internet, keine Computerspiele, keine Zeitungen und keine Bücher. Von diesen Medien werden wir moderne Menschen fast permanent programmiert. Daher sind wir heute noch *sehr* viel mehr auf Autopilot als es bereits die alten Griechen waren.

Wir sind zu mehr als 99 % auf Autopilot. Mehr als 99 % des täglichen Verhaltens und Denkens kommen von Programmen. Für viele Menschen sind es 99,99 %, für einige wenige vielleicht „nur" 98 %. Das erklärt die großen Unterschiede in unserer Gesellschaft. Jemand, der „nur" zu 98 % auf Autopilot ist, ist 200-mal freier (im Sinne von weniger auf Autopilot) als jemand, der zu 99,99 % auf Autopilot ist.

Übung 14: Gehe die Menschen durch, mit denen Du in Kontakt bist. Wer scheint mehr, wer weniger auf Autopilot zu sein?

Möchtest Du einwenden, dass es nicht so schlimm sein kann, weil es viele Menschen gab und gibt, die großartige Leistungen erbracht haben und erbringen? Wie können diese Menschen die meiste Zeit auf Autopilot sein?

Sind 90 kg leicht oder schwer?

Du wirst erwidern, dass diese Frage nicht beantwortet werden kann, denn leicht und schwer verlangen ein Referenzmaß. Relativ zu 50 kg sind 90 kg schwer. Relativ zu 150 kg sind 90 kg leicht. Das gilt auch für großartige Leistungen. Die Verstandesleistung von Albert Einstein ist großartig im Vergleich zu den Verstandesleistungen anderer Menschen. Doch sie könnte mickrig sein im Vergleich zu dem, was einem Menschen möglich ist. Einstein könnte nur ein Einäugiger unter Blinden sein.

Denk an die ANDERE Geschichte vom Adler im Hühnerstall. Angenommen, der Adler lernt, zehn Meter weit zu fliegen, während alle anderen nur fünf Meter weit fliegen können. Das macht ihn zum Super-Huhn im Stall. Doch zehn Meter weit fliegen zu können ist mickrig, im Vergleich zu seinem vollen Potenzial als Adler. Doch weil er nun der Hühnerstall-

Meister im Fliegen ist, ist es für ihn nun noch schwerer, sein Huhn-Programm zu erkennen. Doch er *muss* es erkennen und anerkennen, wenn er seine wahre Natur befreien und sein volles Potenzial entwickeln möchte.

Bevor Du ein Gefängnis verlassen kannst,
musst Du anerkennen, dass Du im Gefängnis bist.

Wenn Du außergewöhnliche Leistungen erbringst oder andere Menschen berätst oder begleitest, ist es für Dich noch schwieriger als für andere, das volle Ausmaß Deiner menschlichen Box zu erkennen. Ich weiß das aus eigener Erfahrung.

Übung 15: Reflektiere über Deinen Autopiloten. Wo erkennst Du Dich auf Autopilot?

Wenn Du glaubst, dass es bei Dir *„eh nicht so schlimm ist wie bei den meisten anderen"* oder dass *„Du eh schon weiter bist als die meisten anderen"* oder *„dass es reicht, wenn Du weißt, dass Du programmiert bist"*, wirst Du Dich von Deinen Programmen nicht befreien können.

Du siehst Dich selbst so, wie Du Dich zu sehen gelernt hast. Und Du siehst Dich selbst nur im Vergleich zu den anderen. Solange Du das tust, kannst Du die menschliche Box nicht erkennen und Dich daher auch nicht aus Deinem geistigen Gefängnis befreien. Um die menschliche Box zu *erkennen*, brauchst Du den Mut, völlig neue Perspektiven einzunehmen. Um die menschliche Box zu *verlassen*, brauchst Du die Demut, sie als Dein Gefängnis anzuerkennen.

*

Wie kannst Du Dich aus der menschlichen Box befreien?

Stell Dir vor, Du bist ein Kriminalkommissar. Dein Chef ruft an und sagt: *„An der Adresse XY wurde ein Verbrechen begangen. Überführe den Verbrecher."*

An der angegebenen Adresse liegt eine Leiche am Boden, in ihrer Brust steckt ein Messer. Dein Team sichert alle Spuren. Die Auswertung ergibt: Das Messer trägt Deine Fingerabdrücke – und zwar nur Deine. Unter den Fingernägeln des Opfers waren Hautpartikel mit Deiner DNS. Es scheint sich gewehrt zu haben und tatsächlich hast Du blutige Kratzspuren am rechten Unterarm. Die Aufzeichnung einer Überwachungskamera zeigt Dich zur Tatzeit beim Betreten des Tatorts. Und Du hast kein Alibi für die Tatzeit. Die Beweislage ist eindeutig. Du bist der Mörder.

Was machst Du?

Du bist Verbrecher und Kommissar in Personalunion. Als Kommissar musst Du alles tun, um das Verbrechen aufzuklären. Als Verbrecher wirst Du alles tun, um die Aufklärung zu verhindern. Das erinnert an ein Zitat von Goethe:

> *Zwei Seelen wohnen, ach! in meiner Brust,*
> *die eine will sich von der andern trennen:*
> *Die eine hält in derber Liebeslust*
> *sich an die Welt mit klammernden Organen;*
> *die andre hebt gewaltsam sich vom Dust*
> *zu den Gefilden hoher Ahnen.*
> *(Johann Wolfgang von Goethe in „Faust")*

Schauen wir uns die beiden „Seelen" an. Der Verbrecher in Dir ... das sind 99 % menschliche Box. Der Kommissar in Dir ... das ist 1 % wahre Natur mit der darin enthaltenen Neugier. Kommissar gegen Verbrecher; 1 % gegen 99 %; Rest-Neugier gegen menschliche Box.

Übung 16: Reflektiere über die beiden „Seelen" in Deiner Brust.

Der Verbrecher in Dir ist „fit wie ein Turnschuh". Er kennt alle Tricks, um eine Aufklärung seiner Verbrechen zu verhindern. Das ist so, weil er das das ganze Leben lang getan hat. Der Kommissar in Dir ist ein „couch potato". Er hat keine Ahnung, wie er den Verbrecher überführen kann. Das ist so, weil er bis jetzt inaktiv war.

Die Befreiung von Deinen Programmen beginnt als ein Kampf David (Kommissar) gegen Goliath (Verbrecher).

Doch so geschickt und fit der Verbrecher auch ist, er hat einen Schwachpunkt: Er handelt nach Mustern. Das macht ihn berechenbar. Das muss der Kommissar nutzen. Er muss alle Muster des Verbrechers finden und möglichst genau kennen. Dann ist er ihm einen Schritt voraus und kann weitere Verbrechen verhindern.

*

Manchmal spreche ich von Programmen, manchmal von der menschlichen Box. Das passt so zusammen: Du wirst von zahllosen Programmen gesteuert. Viele davon sind menschliche Erfindungen, die in Abertausenden von Jahren entstanden sind. Du hast sie von anderen Menschen gelernt. Diese Programme erzeugen unwahrhaftiges Verhalten und bilden Deine menschliche Box.

Der Mensch

Übung 17: Welche natürlichen Werkzeuge hast Du? Was kannst Du mit ihnen machen? Wie bedienst Du sie? Was weißt Du über Dich und Deine Funktionsweise?

Stell Dir vor, Du lebst in einem Urwald. Du bist Nachfahre eines Menschen, der vor langer Zeit die Zivilisation verlassen hat. Durch die Tagebücher Deines Vorfahren hast Du rudimentäre Kenntnisse über die Zivilisation.

Eines Tages steht etwas vor Deiner Behausung. Es schaut aus wie eine Hütte. Es glänzt, hat Türen und Fenster und steht auf vier runden Stelzen. Vielleicht kommt es aus der Zivilisation, doch es passt zu nichts, was Du aus den Tagebüchern kennst. Du weißt nicht, was das ist und was man damit machen kann. Es gibt keine Gebrauchsanweisung, daher musst Du alles selbst herausfinden. Du öffnest eine Tür und setzt Dich auf einen Sitz. Vor Dir sind Schalter, Knöpfe und Hebel. Du betätigst einen Hebel, woraufhin Wasser auf das Fenster vor Dir gespritzt wird. Du drückst einen der Knöpfe und eine Stimme ertönt. Du erinnerst Dich, dass in den Tagebüchern ein ‚Radio' erwähnt wird, aus dem Stimmen kommen. Du meinst, das Rätsel gelöst zu haben: Du sitzt in einem Radio. Wie solltest Du auch wissen, dass man die „Hütte" starten und mit ihr fahren kann.

So geht es Dir mit Dir selbst. Du bist wie wir alle ohne Gebrauchsanweisung zur Welt gekommen. Du weißt nicht, welche Möglichkeiten Du hast. Du probierst und lernst von Deinen Eltern. Doch auch Deine Eltern hatten keine Gebrauchsanweisung und nur durch Probieren und von ihren Eltern gelernt. So entstand die sehr limitierte Vorstellung, die Du von Dir hast, die alle Menschen von sich haben und die der Kern der menschlichen Box ist.

Wie funktionierst Du? Was ist Dir möglich?

Um ein Pilot eines Autos zu sein, musst Du wissen, was das Auto macht, wenn Du lenkst, Gas gibst, das Bremspedal betätigst usw. Je mehr Du über das Auto und seine Funktionsweise weißt, desto besser kannst Du es pilotieren. Hast Du schon einmal eine Autorallye gesehen? Die Rallyefahrer kennen ihre Autos so gut, dass sie schier unglaubliche Fahrmanöver ausführen.

Derzeit haben Deine Programme fast die gesamte Kontrolle über Dich. Sie erzeugen mehr als 99 % Deines Verhaltens und Deiner Gedanken.

Vielleicht fühlst Du Dich manchmal als Opfer der Umstände. Doch tatsächlich haben die Umstände Programme in Dir aktiviert. Diese Programme haben Dich handeln und denken lassen. Daraus ist etwas entstanden, das Du vielleicht als unangenehm erlebst. Du bist „nur" das Opfer Deiner Programme. Doch als Mensch kannst Du *anders* handeln, als Deinen Programmen zu folgen. Daher *kannst* Du das Gefängnis Deiner Programme verlassen. Dazu musst Du Deine Programme meistern. Dazu musst Du wissen, wie Du funktionierst.

*

Biologisch bist Du ein Affe. Doch Du bist mehr als ein Affe. Du hast ein Werkzeug, das Dir ermöglicht, *anders* zu sein als ein Affe. Du bist ein ‚Affe-Plus'. Dein Verhalten besteht somit aus zwei Teilen: einem Affe-Verhalten und einem Plus-Verhalten. Um Dich und Dein Verhalten zu verstehen, musst Du sowohl den Affen auch das Plus verstehen.

Beginnen wir mit dem Affen.

Die Verhaltensmuster von Affen – und allen anderen nichtmenschlichen Lebensformen – sind für die jeweilige Spezies charakteristisch. Alle Exemplare einer Spezies verhalten sich ähnlich, weil sie *nicht anders können*, als diesen Mustern zu folgen. Daher sind alle Löwen Jäger und

Fleischfresser. Daher sind alle Vogelnester rund. Daher hat noch nie ein Affe Yoga zu praktizieren begonnen oder einen Tennisclub gegründet. Die wenigen Unterschiede, die es zwischen Exemplaren einer Spezies gibt, entstehen durch die Umgebung, von der eine Lebensform lebenslang geformt (programmiert) wird.

> **Übung 18**: Beobachte Wildtiere. Schau Dir Dokumentationen über Wildtiere an (wobei Du den Ton abdrehst, damit Du nicht von den angebotenen Interpretationen beeinflusst wirst). Oder gehe in einen Wildpark. Achte auf die Gemeinsamkeiten im Verhalten der Tiere einer Spezies. Dann achte auf die Unterschiede im Verhalten der Tiere verschiedener Spezies.

Das Verhalten aller nichtmenschlichen Lebensformen – und somit auch des Affen in Dir – entsteht aus Programmen: den biologischen Programmen und den Vertrautheiten.

Die biologischen Programme sind das genetische Programm und (bei den Tieren) das sensomotorische Programm. Sie sorgen für das Überleben. Sie kontrollieren Instandhaltung (Heilung), Energiegewinnung und -verteilung, Verteidigung und Fortpflanzung.

Die Vertrautheiten ergeben sich aus der Lebensgeschichte. Sie entstehen, wenn sich Erlebnismuster wiederholen. Je öfter eine Lebensform ein gewisses Muster erlebt oder je bedeutender ein Erlebnis ist, desto markanter ist das Muster in ihrer Geschichte. Je markanter ein Muster ist, desto vertrauter ist sie damit. Je vertrauter sie mit einem Muster ist, desto stärker ist der Automatismus (Zwang), dem Muster entsprechend zu handeln. Ein Beispiel dafür ist die optische Täuschung aus dem Kapitel „Programme".

Übung 19: Welche Vertrautheiten beobachtest Du bei Tieren? Welche bei Wildtieren? Welche bei Tieren in Wildparks?

Vertrautheiten passen die biologischen Verhaltensmuster dem Lebensraum an. Ein Beispiel dafür ist die alljährliche Wanderung der Gnus, Zebras und Gazellen in der Serengeti.[5] Diese Reise führt die Tiere nach Kenia und wieder zurück nach Tansania, wobei sie etwa 800 Kilometer zurücklegen. Diese Vertrautheit entsteht, weil die Tiere als Junge diese Wanderung mit Mutter und Herde mitmachten. Jede neue Generation wird mit dieser Wanderung vertraut und ist dann selbst Vorbild für nachfolgende Generationen. Jedes Zebra in der Serengeti macht mit, weil es nicht anders kann, als seinen Vertrautheiten zu folgen. Noch nie hat ein Zebra in der Serengeti gesagt: *„Dieses Jahr mache ich nicht mit."* Zebras aus anderen Teilen Afrikas machen keine alljährliche 800-Kilometer-Wanderung.

Ein in Gefangenschaft geborener Gepard ist vertraut damit, dass seine Nahrung von einem Tierwärter kommt. Ein in der Wildnis geborener Gepard ist vertraut damit, dass er seine Nahrung selbst erjagen muss.

Wildtiere scheuen Menschen. Doch wenn Du es richtig anstellst, kann ein Wildtier mit Deiner Anwesenheit vertraut werden. So können Wissenschaftler Wildtiere erforschen. Jane Goodall zB hat auf diese Art Schimpansen im Gombe-Nationalpark erforscht.

*

---

[5] Das ist eine der größten Tierwanderungen unseres Planeten. Es nehmen etwa 1,7 Millionen Gnus, 250.000 Zebras und 500.000 Gazellen daran teil.

Eine Lebensform wird permanent durch ihre Umgebung geformt, weil sie formbar ist. Formbarkeit ist eine der fünf elementaren Strategien des Lebens.[6]

Eine Lebensform ist formbar, weil ihre Verhaltensprogramme *plastisch* sind. Dieses Wort geht auf das griechische Wort *plassein* (= *formen, gestalten*) zurück.[7]

Schauen wir uns die Plastizität der Verhaltensprogramme an. Das zu verstehen, nützt Dir, um zu verstehen, wie Du Dich von Deinen Programmen befreien kannst.

Tiere und Menschen haben drei Arten von Verhaltensprogrammen: das genetische Programm, das sensomotorische Programm und die Vertrautheiten. Alle drei sind plastisch.

Das genetische Programm hat eine chemische Grundlage: den genetischen Code. Er ist unveränderlich. Das muss so sein, weil dieser Code das Ergebnis von Milliarden von Jahren biologischer Evolution ist. Er ist die Grundlage für Leben auf diesem Planeten. Über dem genetischen Code liegt eine Ebene biochemischer Schalter, die die Funktionsweise des genetischen Codes verändern. Sie werden *epigenetische* Schalter genannt. (Das griechische Wort *epi* bedeutet „*darüber, darauf*".) Biochemische Vorgänge kontrollieren diese Schalter. Genetischer Code und epigenetische Schalter bilden das genetische Programm, das in einem gewissen Rahmen plastisch ist.[8] Das erlaubt Dir zB die Gewöhnung an ein anderes Klima oder eine andere Kostform.

---

[6] Ich beschreibe die fünf elementaren Strategien des Lebens im Buch „Bewusstsein: Natur – Zweck – Verwendung". Nähere Angaben zu diesem Buch sind im Kapitel „Ressourcen".

[7] Um Begriffe präzise zu definieren, verwende ich ihre etymologischen Wurzeln, welche oft aus alten Sprachen wie Latein und Altgriechisch stammen. Meine Quellen sind www.dwds.de (das *Digitale Wörterbuch der Deutschen Sprache*) und www.etymonline.com (David Harpers *Online Etymology Dictionary*). Am Ende des Buches ist ein Glossar mit allen recherchierten Begriffen.

[8] Stell Dir zur Veranschaulichung Deinen Computer samt Betriebssystem vor. Das Betriebssystem ist fix, aber Du kannst mit Schaltern seine Wirkungsweise verändern, wie zB eine Benutzersprache einstellen.

Das sensomotorische Programm ist im Gehirn und in Teilen des sonstigen Nervensystems gespeichert. Es besteht aus Verbindungen von Nervenzellen. Jede sensomotorische Aktivität (Verwendung der Sinnesorgane oder des Bewegungsapparats) erzeugt eine Verbindung von Nervenzellen, während der natürliche Zerfall bestehende Verbindungen laufend schwächt oder auflöst. Diese Veränderbarkeit des sensomotorischen Programms heißt *Neuroplastizität*. Sie erlaubt Dir zB das Erlernen von Bewegungsabläufen in einer Sportart.

Vertrautheiten sind Muster in der Lebensgeschichte. Da sich Deine Geschichte ständig vergrößert, verändern sich auch seine Muster ständig. Bedienst Du ein Muster, wird es (und damit die Vertrautheit) stärker. Bedienst Du es nicht, wird es (und damit die Vertrautheit) schwächer. Als Mensch kannst Du das willentlich steuern. Das ist beim Freiwerden von Deinen Programmen von zentraler Bedeutung. Mehr dazu später im Text.

Tiertrainer nutzen die Plastizität der Verhaltensprogramme. Bringt man einem Löwen bei, durch einen Feuerreifen zu springen, ist das eine Mischung aus dem sensomotorischen Antrainieren eines Bewegungsablaufs und dem Erzeugen einer Vertrautheit, zB mit dem Feuerreifen.

*

Egal, wie komplex das Verhalten eines Tieres auch erscheinen mag, es ist das Ergebnis von Programmen, die durch Auslöser aktiviert wurden. Was auch immer ein Tier tut, es kann sich nicht anders verhalten. Daher sind alle Tiere und alle anderen nichtmenschlichen Lebensformen biologische Roboter.[9]

Zellen und Pflanzen als biologische Roboter zu erkennen, ist leicht. Tiere als biologische Roboter zu erkennen, ist nicht so leicht. Es ist vor allem für Haustierbesitzer eine große Herausforderung.

Haustiere verhalten sich sehr verschieden von ihren wild lebenden Artgenossen und erscheinen in vielerlei Hinsicht menschenähnlich. Das ist so, weil sie in einer menschlichen Umgebung leben, von der sie ständig

---

[9] Nicht anders handeln zu können bedeutet, einem Zwang zu folgen. Das Wort *Roboter* kommt vom tschechischen Wort *robotnik* (= *Zwangsarbeiter*) und bedeutet genau das.

menschlich geformt werden. Sie entwickeln dabei menschliche Vertrautheiten, die menschenähnliches Verhalten hervorbringen.

Übung 20: Beobachte Haustiere. Welche Vertrautheiten unterscheiden sie von Wildtieren?

Wenn Dich Dein Hund freudig begrüßt, tut er das, weil er nicht anders kann. Wenn er es einmal nicht tut, gibt es dafür einen Grund. Vielleicht ist er krank. In so einem Fall kann er nicht anders, als Dich an diesem Tag *nicht* freudig zu begrüßen.

Es gibt Phänomene, die uns glauben machen, dass Tiere mehr als biologische Roboter sind. Doch alle solchen Phänomene lassen sich auf Auslöser zurückführen, die Verhaltensprogramme aktiviert haben.

Im Internet gibt es ein Video, in dem man sieht, wie ein Tiger einen Mann „freudig" umarmt. Dieser Mann hatte vor vielen Jahren den Tiger, als dieser noch ein Baby war, liebevoll betreut. Kann sich der Tiger an seinen ehemaligen Tierpfleger erinnern? Hast Du Erlebnisse gehabt, die Dich glauben machen, dass sich ein Tier an Dich erinnert hat?

Du musst dieses Phänomen verstehen, um den Autopiloten im Tier zu erkennen. Das wiederum ist wichtig, um Deinen eigenen Autopiloten zu erkennen.

Was bedeutet es, sich zu erinnern?

Ich verstehe darunter einen geistigen Vorgang, bei dem Wissen aus der Vergangenheit willentlich in das gegenwärtige Gewahrsein geholt wird. ZB kannst Du Dich erinnern, was Du gestern Nachmittag gemacht hast. Ein Tier kann das nicht. Woher ich das weiß? Durch Logik. Machen wir dazu ein Gedankenexperiment.

Stell Dir ein Zebra vor, das neben einem Wasserloch steht und sich daran erinnert, wie es gestern einem Löwen entkommen ist.

Tiere sind sich ihrer Umgebung permanent maximal gewahr. Das maximiert ihre Überlebenschancen. Während sich das Zebra an gestern erinnert, ist es sich *nicht* maximal seiner Umgebung gewahr. Erinnern „verbraucht" einen Teil des gegenwärtigen Gewahrseins. Das Wort ‚gedankenverloren' drückt genau das aus. Wenn Du Dich zB beim Autofahren an etwas erinnerst, bist Du Dir der Verkehrssituation weniger gewahr. Du könntest dadurch ein Verkehrsschild übersehen.

Während sich in unserem Gedankenexperiment das Zebra daran erinnert, wie es gestern einem Löwen entkommen ist, bemerkt es einen sich in der Gegenwart anschleichenden Löwen nicht – und stirbt. Tiere, die sich erinnern, hätten eine geringere Überlebenschance als Tiere, die sich nicht erinnern – und würden daher aussterben. Aus dieser Überlegung folgt, dass Tiere sich nicht erinnern.

Wir Menschen können uns erinnern und sind nicht ausgestorben. Warum? Weil wir mächtige Werkzeuge haben, mit denen wir uns Umgebungen schaffen konnten, in denen wir uns gefahrlos erinnern können – wie zB Häuser. Diese Werkzeuge sind die Hände, die Stimme und der Verstand.

Zurück zum Tiger, der seinen früheren Tierpfleger umarmt. Der Tiger *erinnert* sich nicht an den Tierpfleger, er erlebt eine *Vertrautheit* mit ihm. Aufgrund dieser Vertrautheit *kann* er nicht anders, als dem Mann um den Hals zu fallen. Er schmust mit ihm, wie er es als Baby getan hat.

Es wird erzählt, dass Elefanten sich an Menschen erinnern, die ihnen Leid zugefügt haben. Das hat dieselbe Erklärung. Der Elefant hat in so einem Fall eine negativ besetzte Vertrautheit mit seinem ehemaligen Peiniger.

Wenn Du einen Menschen siehst und das Gefühl hast, ihn zu kennen, Dir aber weder der Name noch sonst etwas über diesen Menschen einfällt, erlebst Du eine Vertrautheit, ohne dass Du Dich erinnerst.

Übung 21: Erinnere Dich an Situationen, in denen Dir das passiert ist. Erforsche anhand dieser Beispiele den Unterschied zwischen dem Erleben einer Vertrautheit und dem Erinnern.

Das Erleben einer Vertrautheit kann man als „unfreiwilliges Erinnern" bezeichnen. Für eine klarere Unterscheidung bleiben wir bei der Sprechweise „erinnern" und „Vertrautheit erleben".

Alle Lebensformen erleben Vertrautheiten. Nur wir Menschen können uns erinnern.

Ich habe alle Argumente dafür, dass nichtmenschliche Lebensformen biologische Roboter sind, im Buch über das Bewusstsein dargelegt. Ich erkläre dort auch, wie Phänomene entstehen, die zunächst unerklärlich scheinen. Ein Beispiel dafür ist, dass beim Tsunami 2004 im Indischen Ozean zwar 230.000 Menschen, aber so gut wie keine Tiere ums Leben gekommen sind.

Wenn Du nicht sehen kannst, dass Tiere zu 100 % auf Autopilot sind, solltest Du das im Buch über das Bewusstsein nachlesen. Bevor Du Dich von Deinem Autopiloten befreien kannst, musst Du ihn vollständig erkennen und anerkennen. Wenn Du den 100 %-Autopiloten bei Tieren nicht vollständig erkennen kannst, wirst Du auch Deinen eigenen 99 %-Autopiloten nicht vollständig erkennen können, denn Du musst den 100 %-igen Autopiloten des Affen in Dir sehen.

Übung 22: Wenn Du ein Haustier hast, beobachte es. Finde den Autopiloten in ihm. Wenn Du kein Haustier hast, mache diese Übung mit dem Haustier von jemand anderem. Mache diese Übung mit einem Tier in einem Tierpark. Mache diese Übung mit einem Tier, das Du in der Natur beobachten kannst.

*

Damit sind wir beim Plus angelangt, also bei dem, was Dich vom Affen unterscheidet. Durch dieses Plus *kannst* Du anders handeln, als Deinen Programmen zu folgen. Die Betonung liegt auf ‚kannst'.

Stell Dir eine Gruppe von 100 Affen vor. Schwere Gewitterwolken ziehen auf und ein Blitz schlägt in einen nahegelegenen Baum ein. Der Baum beginnt zu brennen. Alle 100 Affen spüren die Gefahr und flüchten. Sie folgen ihren Verhaltensprogrammen. Das war vor Hunderttausenden Jahren so und ist heute immer noch so.

Stell Dir nun eine Gruppe von 100 frühen Menschen vor. Schwere Gewitterwolken ziehen auf und ein Blitz schlägt in einen nahe gelegenen Baum ein. Der Baum beginnt zu brennen. Alle 100 Frühmenschen spüren die Gefahr. 99 Frühmenschen flüchten. Sie folgen damit ihren Verhaltensprogrammen. Einer flüchtet nicht. Er verhält sich anders. Er ist neugierig und erforscht dieses Phänomen.

So oder ähnlich könnte der Mensch das Feuer als Werkzeug entdeckt haben. Das war einer der wichtigsten Schritte in der Entwicklung der Menschheit, denn dadurch sind jene Werkzeuge möglich geworden, mit denen wir die moderne Zivilisation erbaut haben.

Alle 100 Frühmenschen hatten das Potenzial, anders zu handeln, als zu flüchten. Vielleicht hat eine Handvoll erkannt, dass sie die Wahl haben.

Doch nur ein Einziger hat auch *gewählt*, anders zu handeln. Er hatte den Mut dazu – und darauf kommt es an.

Wie konnte der eine Frühmensch, der anders gehandelt hat, anders handeln? Woher kam sein Verhalten, wenn nicht von einem Verhaltensprogramm?

Er hat es *kreiert*.

Wir Menschen können Verhalten kreieren. Wir haben, was ich ein *Kreativitätssystem* nenne.[10] Dieses System ist das Plus in der Formel ‚Mensch = Affe-Plus'.

Was ist Kreativität?

Bei diesem Wort denken viele an Künstler und ihre Werke; an Bilder, Skulpturen und Musik. Doch das ist viel zu eng gedacht. Das Wort *kreativ* kommt vom lateinischen Wort *creare* (= *wachsen*). Kreativ zu sein bedeutet, etwas wachsen zu lassen, dh etwas zu erzeugen – wie zB ein Verhalten.

Ich biete Dir zur Veranschaulichung folgendes Bild an: Stell Dir vor, Du kannst Klavier spielen. Du sitzt am Klavier und hast die Noten der Fünften Symphonie von Beethoven vor Dir. Du hast zwei Möglichkeiten:

○ Du spielst das Stück Note für Note vom Blatt.

○ Du ignorierst die Noten und improvisierst[11] – wobei die Improvisation mehr oder weniger oder nichts mit Beethovens Fünfter zu tun hat.

Seinen Verhaltensprogrammen zu folgen ist wie das Spielen nach Noten. Verhalten zu kreieren ist wie das Improvisieren. Alle nichtmenschlichen Lebensformen können nur nach Noten spielen. Menschen *können* improvisieren. Doch wir modernen Menschen improvisieren nur im Ein-Prozent-Bereich, die meisten gar nur im Hundertstel-Prozent-

---

[10] Im Buch über das Bewusstsein beschreibe ich das Kreativitätssystem im Detail.

[11] Dieses Wort kommt von den lateinischen Worten *in* (= *nicht*) und *providere* (= *vorhersehen*) und bedeutet „unvorhersehbar handeln".

Bereich des täglichen Verhaltens und Denkens. Und schon die Zeitgenossen von Aristoteles haben nur im Fünf-Prozent-Bereich improvisiert.

> **Übung 23**: Betrachte die vergangenen 24 Stunden Deines Lebens. Bei welchen Gelegenheiten glaubst Du, improvisiert zu haben?

Wir *können* anders handeln, als unseren Programmen zu folgen. Doch wir haben oft das Gefühl: *„Ich kann nicht anders, als soundso zu handeln oder zu denken"*. Wie passt das zusammen?

Das weiße Quadrat in der optischen Täuschung gibt eine Antwort.

Du hast (bzw hattest) vielleicht das Gefühl, dass Du nicht anders kannst, als das Quadrat zu sehen. Doch das ist nicht wahr. Sobald Du erkannt hast, dass es in diesem Bild kein weißes Quadrat gibt, *kannst* Du mit Übung so weit kommen, dass Du kein Quadrat siehst. Das ist so, weil Du, wie alle Lebensformen, formbar bist. Formbar zu sein bedeutet, programmierbar zu sein. Es bedeutet auch, deprogrammierbar zu sein.

> **Übung 5** (Wiederholung): Finde einen Weg, um kein weißes Quadrat, sondern nur vier schwarze Dreiviertel-Kreisflächen (Pac-Man-Figuren) zu sehen. Übe.

*

Die meisten Programme der menschlichen Box sind so stark, dass es Dir schwer fällt, ihnen nicht zu folgen. Doch mit der richtigen Übung kannst Du von ihnen frei werden. Um die Methode der Deprogrammierung zu verstehen, musst Du unter anderem zwei elementare Phänemene verstehen: Gefühle und Gedanken.

Gefühle und Gedanken

Übung 24: Was fühlst Du im Moment? Beschreibe Dein Gefühl.

Was ist ein Gefühl?

Das Wort *fühlen* geht auf das altenglische Wort *felan* (= *wahrnehmen, spüren*) zurück. Ein Gefühl ist eine Wahrnehmung.

Betrachte ein Objekt. Üblicherweise würdest Du sagen, dass Du dieses Objekt wahrnimmst. Doch das ist nicht richtig. Deine Augen sind Sinnesorgane. Sie empfangen Licht, das vom Objekt reflektiert wird. Sie erzeugen daraus elektromagnetische Impulse, die über Nerven an Dein Gehirn geleitet werden. Diesen elektromagnetischen Zustand Deines Gehirns (und Deines Nervensystems) nimmst Du wahr – zusammen mit dem physikochemischen Zustand Deines Körpers, der unter anderem durch Hormone mitverursacht wird.

Das mag sich kompliziert anhören. Doch um der Pilot Deines Verhaltens und Denkens zu werden, musst Du genau verstehen, wie Du funktionierst. Dazu musst Du die Phänomene in Dir genau verstehen. Dazu musst Du ihnen auf den Grund gehen.

Ein Gefühl ist eine Wahrnehmung – und Du nimmst nur den Zustand Deines Körpers wahr. Somit ist ein Gefühl die Wahrnehmung eines Körperzustandes oder, einfacher gesagt,

ein Gefühl ist ein Körperzustand.

Wenn Du wütend bist, fühlt sich Dein Körper auf eine bestimmte Art an. Es gibt dafür die Phrase „*vor Wut kochen*". Doch tatsächlich ist es anders herum. Du hast gelernt, einen kochenden Körperzustand als Wut zu bezeichnen.

Übung 25: Mache eine Liste der Gefühle, die Du in den vergangenen Tagen erlebt hast. Beschreibe die jeweiligen Körperzustände.

Üblicherweise werden Gefühle von Gedanken abgegrenzt. Doch tatsächlich hängen sie eng mit Gedanken zusammen.

Was ist ein Gedanke?

Das Wort *denken* geht auf das altenglische Wort *þencan* (= *vorstellen, im Verstand ausmalen*) zurück. Ein Gedanke ist ein Verstandesinhalt.

Übung 26: Was denkst Du jetzt? Beschreibe Deinen Gedanken.

Oft wird eine Beschreibung eines Gedankens als Gedanke bezeichnet. Doch das ist nicht richtig. Ein Gedanke ist viel „größer" als seine Beschreibung. Er ist das formlose „Etwas", das Du auf Worte oder Bilder reduzierst, wenn Du es kommunizieren möchtest.

Übung 27: Beobachte Dein Denken. Erforsche, was ein Gedanke ist.

Beispiele für Gedanken sind eine Erinnerung an ein vergangenes Erlebnis und eine Kreation (Ausmalung) eines möglichen zukünftigen Erlebnisses. Gedanken sind Produkte Deines Verstandes, dh Deines Kreativitätssystems.

Gefühle sind ein körperliches Phänomen. Gedanken ein sind ein nichtkörperliches Phänomen. Für das Nichtkörperliche wird oft das Wort *Geist* verwendet.

In Wörterbüchern findest Du für *Geist* die Bedeutungen *"Verstand, Denkvermögen, Erkenntnisvermögen, Gespenst"*. In spirituellen und religiösen Kreisen wird dieses Wort meist in der Bedeutung aus dem achten Jahrhundert verwendet. Damals war das althochdeutsche Wort *geist* die Übersetzung des lateinischen Wortes *spiritus*, das auf *spirare* (= atmen) zurückgeht. Das bezog sich auf die Schöpfungsgeschichte, in der es heißt: *"Gott schuf Adam aus Lehm und hauchte ihm seinen Atem ein, wodurch er lebendig wurde."* (*Adam* ist das hebräische Wort für *Mensch*.) Demnach bezeichnet Geist den im Menschen enthaltenen „Atem Gottes".

Dieses Bild ist ungenau, selbst wenn wir es vom Begriff ‚Gott' lösen. Es lässt offen, ob auch ein Tier durch den „Atem Gottes" lebendig ist. Es sagt nichts über den Unterschied zwischen Tier und Mensch aus, also nichts über das Plus aus der Formel ‚Mensch = Affe-Plus'. Doch Gedanken entspringen diesem Plus, dh dem menschlichen Kreativitätssystem/Verstand.

Wir verwenden das Wort *Geist* in der modernen Bedeutung als Synonym für Verstand – und damit für das Plus.

Ein Gedanke ist ein Verstandeszustand (Geisteszustand).

*

Stell Dir vor, Du überquerst gedankenverloren eine Straße. Du schaust plötzlich auf und siehst, dass ein Auto auf Dich zufährt und Dir schon gefährlich nahe ist. Du erschrickst. Dieses Erlebnis ist ein Gefühl. Schlagartig wird dieses Erlebnis auch Dein Denken erfüllen.

Stell Dir vor, Du erhältst die Nachricht, dass ein geliebter Mensch gestorben ist. Du bist traurig. Dieses Erlebnis ist ein Gefühl. Schlagartig wird dieses Erlebnis auch Dein Denken erfüllen.

Übung 28: Erinnere Dich an ein Erlebnis, das ein starkes Gefühl hervorgerufen hat. Wie hat sich das auf Dein Denken ausgewirkt?

Gefühle werden zu Gedanken. Umgekehrt ist es ebenso.

Stell Dir vor, Du bist verliebt. Du denkst an den geliebten Menschen und malst Dir eine Begegnung aus. Das kann Dein Herz höher schlagen lassen und eine wohlige Wärme in Dir erzeugen.

Wenn Du eine Geschichte liest oder einen Film anschaust und Dich richtig darauf einlässt, reagiert Dein Körper – mit entsprechenden Gefühlen.

Übung 29: Denke an etwas Freudiges, entweder indem Du Dich an ein freudiges Ereignis erinnerst oder indem Du Dir etwas ausmalst, das Dir Freude machen würde. Was macht das mit Deinem Körper? Was fühlst Du?

Übung 30: Denke an etwas Trauriges, entweder indem Du Dich an ein trauriges Ereignis erinnerst oder indem Du Dir etwas ausmalst, das Dich mit Trauer erfüllen würde. Was macht das mit Deinem Körper? Was fühlst Du?

Gedanken werden zu Gefühlen.

Gefühle und Gedanken sind zwei verschiedene Arten von *Wissen*. Dieses Wort hat die pseudo-indoeuropäische (PIE)[12] Wurzel *weid- (= *sehen*). Wissen bezeichnet mehr als nur optisches Sehen. Es bezeichnet jede Art von sensorischer Wahrnehmung sowie auch geistiges Sehen.

Gefühle sind körperliches (sensorisches, reales) Wissen. Gedanken sind geistiges (imaginiertes, vorgestelltes, ausgemaltes) Wissen.

Dein Körper reagiert auf das, was Du weißt. Er kann nicht zwischen realem (gefühltem) und imaginiertem (gedachtem) Wissen unterscheiden. Dadurch übersetzt Dein Körper Gedanken in Gefühle – Geisteszustände in Körperzustände.[13]

Dieses Phänomen ist die Basis des Placebo- bzw Nocebo-Effekts. *Placebo* ist lateinisch und bedeutet „*Ich werde gefallen*". Das lateinische Wort *Nocebo* bedeutet „*Ich werde schaden*". Die Essenz beider Effekte: Egal, was Du glaubst, was nichts anderes als imaginiertes Wissen ist, Dein Körper fühlt es. Dadurch wird Deine Imagination zur Realität.

---

[12] Ab sofort verwende ich PIE als Abkürzung für ‚proto-indoeuropäische'.

[13] Wie das genau geht, erkläre ich im Buch über das Bewusstsein.

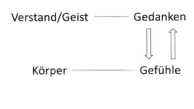

*

Schauen wir uns Gefühle (Körperzustände) näher an.

Dein Körper hat immer einen Zustand. Er setzt sich aus dem elektromagnetischen Zustand des Nervensystems und dem physikochemischen Zustand der Körpergewebe zusammen.

Anatomisch ist Dein Körper ein Bewegungssystem, das aus zahllosen Teilen besteht, die auf unvorstellbar geniale Art zusammengefügt sind. Er unterteilt sich in ein äußeres und ein inneres Bewegungssystem.

Das äußere Bewegungssystem besteht aus Knochen, Muskeln, Sehnen usw. Es gibt Dir Stabilität und ermöglicht Dir, Dich in Deiner Umgebung zu bewegen und mit ihr zu interagieren. Das innere Bewegungssystem besteht aus Blutkreislauf, Verdauungskanal, inneren Organe usw. Es hält Deinen Körper am Leben. Unter anderem versorgt es ihn mit Energie. Es bringt Dich dazu, Nahrung zu Dir zu nehmen, die es dann verdaut und verstoffwechselt.

> **Übung 31**: Reflektiere über die Genialität Deines Körpers. Erinnere Dich an eine Gelegenheit, in der Du krank oder verletzt warst oder Schmerzen hattest. Sei Dir gewahr, wie gut es Dir ohne Krankheit, Verletzung oder Schmerzen geht. Auch dieser „neutrale" Körperzustand ist ein Gefühl.

Jede Bewegung entsteht durch eine koordinierte Folge von Anspannung oder Entspannung von Muskeln. Ein Herzschlag zB entsteht durch Anspannung und Entspannung des Herzens, das ein Hohlmuskel ist. Das Heben eines Arms zB entsteht, indem Muskelan- und -entspannungen durch die Art des Zusammenbaus von Muskeln, Knochen, Sehnen usw in eine Bewegung des Arms relativ zum Rumpf übersetzt werden.

Dein Körper hat viele Muskeln. In jedem Moment hat er einen Zustand, der eine Komposition von Anspannungs- und Entspannungszuständen dieser Muskeln und damit verbundener Gewebe wie Sehnen und Häuten ist. Diese Komposition verändert sich laufend, indem Deine Verhaltensprogramme ablaufen.

Stell Dir einen Affen vor, der etwas auf sich zukommen sieht. Er verharrt kurz, um die Situation zu erfassen. Er fühlt sich bedroht. Er muss kämpfen oder flüchten. In beiden Fällen braucht das äußere Bewegungssystem möglichst viel Energie. Dazu wird Energie aus dem inneren Bewegungssystem nach außen geleitet. Die inneren Blutgefäße werden angespannt, wodurch mehr Blut in die Muskulatur der Extremitäten fließt. Dies ist ein Körperzustand der Verengung. Wenn Du beim Überqueren einer Straße ein Fahrzeug auf Dich zukommen siehst, reagiert Dein Körper auf die gleiche Weise.

Solange diese Umleitung besteht, sind alle Aktivitäten des inneren Bewegungssystems reduziert. Das betrifft auch Heilung und Verdauung. Das ist sinnvoll, denn das Überleben der Bedrohung hat absolute Priorität. Wenn das nicht gelingt, gibt es entweder nichts mehr zu erhalten oder es muss etwas repariert bzw geheilt werden. Im letzteren Fall muss sich die Energieverteilung umdrehen. Für eine Heilung braucht das innere Bewegungssystem möglichst viel Energie. Dazu wird Energie aus dem äußeren in das innere Bewegungssystem geleitet. Das erlebst Du als Müdigkeit oder Schlaffheit.

Du kannst Dir aber auch nur *vorstellen*, bedroht zu sein.

Übung 32: Stell Dir bedrohliche Situationen vor und beobachte, was das mit Dir macht.

Übung 33: Schaust Du Sport? Wenn ja, beobachte dabei Deinen Körper. Nimm wahr, wie sich seine Spannungsverhältnisse je nach Spielverlauf verändern.

Übung 34: Schaust Du Filme? Wenn ja, beobachte dabei Deinen Körper. Nimm wahr, wie sich seine Spannungsverhältnisse je nach Filmgeschehen verändern.

Übung 35: Beobachte Kinder, die eine Sendung im TV oder im Internet anschauen. Beobachte ihre Körper und die sich verändernden Spannungsverhältnisse.

Eine reale Bedrohung ist in kurzer Zeit vorbei. Ist die Flucht gelungen oder der Kampf gewonnen, normalisieren sich die Spannungsverhältnisse. Eine imaginierte Bedrohung kann andauern oder sogar chronisch sein. Das äußere Bewegungssystem bleibt überversorgt, das innere Bewegungssystem bleibt unterversorgt. Es fällt Dir schwer, Ruhe und Entspannung zu finden und alle Heilvorgänge sowie die Energiegewinnung (Verdauung) sind beeinträchtigt. Kommt Dir das bekannt vor? Vielleicht in Form von Krankheitsbildern wie Bluthochdruck, Kreislaufstörungen und Burn-Out? Mehr dazu im Abschnitt „Angst".

*

Übung 36: Der menschliche Körper besteht aus ca 35 Billionen, dh 35.000 Milliarden Zellen (Zellkörpern). Veranschauliche Dir diese Zahl, indem Du sie auf etwas Konkretes zurückführst. Alles, was in einem menschlichen Körper geschieht, geschieht durch die Zusammenarbeit dieser 35 Billionen Zellen. Wie kann ein Unternehmen mit so vielen Angestellten funktionieren?[14]

---

[14] Eine Antwort auf diese Frage findest Du im Buch über das Bewusstsein.

*

Die Begriffe Gefühl und Emotion werden oft synonym verwendet. Doch das ist falsch.

Wenn Du wütend bist, kann das niemand sehen. Wut ist ein Gefühl, dh ein Körperzu-*stand*, den nur Du wahrnimmst. Die Spannungsverhältnisse in Deinem Körper haben sich auf eine Art verschoben, die Du als kochend erlebst. Dieser Zustand ist unangenehm, lebensfeindlich und sucht nach Auflösung. Das kann durch einen Wut*ausbruch* geschehen. Das ist eine Bewegung, die die Spannungsverhältnisse wieder normalisieren soll.

Eine von einem Gefühl ausgelöste Bewegung ist ein Gefühls*ausdruck*, eine Gefühls*regung* oder eine *Emotion*. Dieses Wort kommt von den lateinischen Wörtern *ex* (= *hinaus*) und *movere* (= *bewegen*) und bezeichnet eine Bewegung nach außen. Ein Gefühl ist also ein Zustand, eine Emotion ist eine Bewegung. Das sind zwei verschiedene Dinge.

*

Dein Überleben hängt von der Gesundheit Deines Körpers ab.

Wann ist Dein Körper gesund? Eine Voraussetzung dafür ist, dass alle Körperfunktionen optimal ablaufen. Dazu brauchst Du das, was jeder Affe zum Überleben braucht: die natürlichen Ressourcen Nahrung, Wasser, Atemluft, Wärme, Licht und Raum.[15] Wenn etwas davon knapp wird, entsteht ein Mangel. Ein Gefühl des Mangels wird ein *Bedürfnis* genannt. Dieses Wort hat die mittelniederdeutsche Wurzel *bederfnisse* (= *Mangel*).

---

[15] Du brauchst Raum, um Dich darin zu bewegen. Du musst Deinen Bewegungsapparat ausreichend verwenden, damit es funktionsfähig bleibt. Wird er nicht ausreichend verwendet, degeneriert er.

Bedürfnisse

Als Kind hattest Du nur die oben aufgezählten *biologischen* Bedürfnisse. Während Du aufgewachsen bist, hast Du zahlreiche weitere Bedürfnisse erlernt, wie zB das schon erwähnte Bedürfnis nach Zustimmung. Diese erlernten Bedürfnisse sind *mentale* Bedürfnisse. Sie werden durch Programme der menschlichen Box erzeugt.

> **Übung 37**: Reflektiere über Deine biologischen Bedürfnisse. Werden sie ausreichend erfüllt? Was tust Du, um sie zu erfüllen?

> **Übung 38**: Welche mentalen Bedürfnisse erkennst Du in Dir? Werden sie ausreichend erfüllt? Was tust Du, um sie zu erfüllen?

Wärme ist ein biologisches Bedürfnis, denn unser Körper kann nur in einem gewissen Temperaturbereich überleben. Es gibt auch die Nestwärme. Sie wird durch Berührung und Zuneigung erfüllt. Ist sie ein biologisches Bedürfnis?

Dazu verweisen manche auf die Waisenkinderversuche von Kaiser Friedrich II. von Hohenstaufen oder auf solche Experimente in Russland. Es heißt, dass jene Kinder, die keine Nestwärme bekamen, starben.

Berichte über Friedrichs Experimente werden als Versuch gewertet, den Kaiser zu verunglimpfen. Daher ist mehr als fraglich, ob sie stattgefunden haben. Über russische Experimente habe ich nichts gefunden, wohl aber Berichte über so ein Experiment in den USA im Jahr 1944. Die Autoren dieser Berichte schreiben, dass sie das als Studenten von ihren Professoren nur gehört hatten. Ein direktes Dokument dieses Versuchs habe ich nicht gefunden.[16]

Allerdings wurden solche Experimente mit Rhesusaffen gemacht. Der US-amerikanische Psychologe Harry Harlow hat Babyaffen 3, 6, 12 oder 24 Monate sozial isoliert. Harlow berichtete, dass zwar kein einziger Affe gestorben ist, doch sie waren danach schwer verhaltensgestört. Harlow hat sehr differenzierte Experimente dieser Art gemacht und seine Forschung als ‚Wissenschaft von der Liebe' bezeichnet. Es liegt nahe, dass es bei Menschen ähnlich ist.

Diese Experimente betrafen nur Kinder. Wie ist das bei Erwachsenen?

Übung 39: Reflektiere über Dein Bedürfnis nach Berührung und Zuneigung. Was tust Du, um dieses Bedürfnis zu erfüllen? Gibt es Zeiten, in denen dieses Bedürfnis stärker oder schwächer ist?

---

[16] Ein solches Experiment wäre höchst unethisch, weil man Kinder dabei in Gefahr bringt bzw sterben lässt. Sollten jemals solche Experimente gemacht worden sein, wären sie mit größter Wahrscheinlichkeit geheim gehalten worden.

Brauchen Erwachsene Nestwärme, also Berührung und Zuneigung?

Du wirst vielleicht „ja" sagen, weil Du es so erlebst und weil auch andere sagen, dass sie es so erleben. Doch ist das wahr? Wenn ein Verhalten oder Phänomen bei vielen oder sogar allen Menschen beobachtet wird, bedeutet das *nicht*, dass es natürlich ist. Es bedeutet nur, dass es normal ist. Das Wort *normal* stammt vom lateinischen Wort *norma* (= *Regel, Muster*). Etwas ist normal, wenn es in einer Gruppe als Muster auftritt. Das Wort *natürlich* stammt vom lateinischen Wort *naturalis* (= *durch die Geburt*), das auf *nasci* (= *geboren werden*) zurückgeht. Etwas ist natürlich, wenn man damit geboren wird.

Die Frage, ob wir mit einem lebenslangen Bedürfnis nach Berührung und Zuneigung geboren werden, lässt sich nicht leicht beantworten. Wenn ein Programm Zehntausende Jahre alt ist, hat es sich bis heute auf dem ganzen Planeten verbreitet und alle Menschen verhalten sich entsprechend. Damit ist dieses Verhalten für Menschen normal, aber nicht natürlich.

Ich habe dazu folgende Erfahrungen gemacht:

o Als ich während meiner Erforschung der menschlichen Box 3,5 Jahre ohne sozialen Umgang lebte, hat mich niemand berührt und ich erfuhr keine Zuneigung. In dieser Zeit ist es mir nicht abgegangen. Meine Arbeit hat mich vollständig erfüllt.

o Vor fast zwanzig Jahren lebte ich für etwa 1,5 Jahre in einem Tagesrhythmus, der aus dem Naturschlaf entsteht. Ich hatte auch in dieser Zeit kein Bedürfnis nach Berührung oder Zuneigung. Auch damals war ich durch das, was ich tat, vollständig erfüllt.[17]

---

[17] Ich hatte ein Buch über den Naturschlaf gelesen. Darin hieß es: Zwischen 19 und 20 Uhr entsteht eine natürliche Müdigkeit. Geht man zu dieser Zeit schlafen, wacht man nach vier bis fünf Stunden auf und ist sofort hellwach. Mehr Schlaf braucht man nicht.

Ich war neugierig und wollte das selbst erfahren. Daher begann ich noch am selben Tag mit einem Selbstversuch. Ich ging kurz nach 19 Uhr ins Bett, schlief gleich ein und wachte gegen Mitternacht voller Tatendrang auf. Ich fuhr ins Büro (an der Universität) und arbeitete bis etwa 17 Uhr. Diesen Rhythmus behielt ich 1,5 Jahre bei. Das war die produktivste Zeit meines Lebens. Ich habe in dieser Zeit meine Doktorarbeit geschrieben und ein Unternehmen aufgebaut.

Diese beiden Erfahrungen legen nahe, dass ein erwachsener Mensch, der etwas tut, das ihn wirklich erfüllt, Berührung und Zuneigung nicht *braucht*. (Was nicht heißt, dass sie nicht angenehm und willkommen sind.)

> **Übung 40**: Hat es in Deinem Leben Zeiten gegeben, in denen Du in etwas eingetaucht und darin aufgegangen bist? Wie ist es Dir damals mit dem Bedürfnis nach Berührung und Zuneigung gegangen?

Erkennst Du, warum Aussagen auf eigenen Erfahrungen basieren sollen?

> *Die eigene Erfahrung hat den Vorteil völliger Gewissheit.*
> *(Arthur Schopenhauer)*

Das Thema Berührung hat noch eine weitere Dimension. Berührung tut nicht nur gut, sie ist eine Form von Kommunikation.

Jede soziale Spezies kommuniziert in der einen oder anderen Form. Unsere biologischen Verwandten, die Menschenaffen, leben in Gruppen und haben berührungsintensive Soziableben. Die intensivste und intimste Form von Berührung ist Sex. Während den meisten Tierarten Sex nur zur Fortpflanzung dient, ist er bei den Bonobos, einem unserer biologisch engsten Verwandten, eine zentraler Faktor des Soziallebens. Sie verwenden Sex zum Abbau von Stress und Schmieden von Allianzen.

Die US-Amerikanerin Vanessa Woods hat jahrelang Bonobos erforscht. In ihrem Buch *„Bonobo Handshake"* erzählt sie folgende Geschichte: Ein Bonobo-Männchen kam in einen Versuchskäfig und Vanessa wollte mit einem Experiment beginnen. Doch statt zu kooperieren streckte ihr der Bonobo seinen Penis entgegen. Alle Versuche, das Tier zu einer Mitarbeit zu bewegen, blieben erfolglos – bis auf einen: Nachdem Vanessa den ihr entgegengestreckten Penis mit der Hand berührt hatte, begann der Affe sofort, zu tun, was sie von ihm wollte. Durch den sexuellen Kontakt war eine Allianz entstanden.

Kommunikation ist nicht überlebensnotwendig und daher kein biologisches Bedürfnis. Da auch Tiere kommunizieren, ist sie auch kein von Menschen erfundenes mentales Bedürfnis. Es liegt dazwischen. Ich nenne es ein *natürliches* Bedürfnis.

*

Im Kapitel „Programme" haben wir das Entstehen der Sucht nach Zustimmung betrachtet. In der Sprechweise dieses Abschnitts ist das ein erlerntes mentales Bedürfnis. Schauen wir uns das genauer an.

Stell Dir ein Kind vor, das allein spielt. Es braucht dafür kein Publikum. Es wäre unnatürlich, wenn es von Menschen abhängig wäre, die ihm applaudieren.

Doch viele Elternteile gehen zum spielenden Kind und sagen: *„Zeig mir, was Du gemacht hast."* Sie meinen es gut und wollen ihr Kind unterstützen. Doch mit dieser Aufforderung beginnt ein Unheil.

Das Kind gehorcht und zeigt, was es gemacht hat. Dem Elternteil gefällt oder missfällt, was er sieht. Er kann nicht anders, denn er trägt ein Werteschema der menschlichen Box in sich. Das Kind nimmt die Reaktion des Elternteils wahr, und erfährt somit Zustimmung oder Ablehnung. Weil das Kind biologisch von der Mutter (oder anderen Menschen) abhängig ist, sucht es nach deren Zustimmung. Dadurch wird es programmiert.

Jedes Mal, wenn sich jemand in das Spiel des Kindes einmischt, erfährt es, dass es gut oder schlecht gehandelt hat. Dadurch lernt es, seine Handlungen zu bewerten und es lernt, „gut" (= eine Zustimmung erzeugend) zu handeln. Außerdem lernt es, gesehen und mit Zustimmung bedacht werden zu wollen. Es handelt immer seltener zum Wohl des eigenen Wachstums, dafür immer öfter, um gesehen zu werden und Zustimmung zu erhalten.

Gesehenwerden zu wollen ist für uns so selbstverständlich, dass es Dir vielleicht nicht leicht fällt, das als Programm zu erkennen. Doch es ist nur ein Programm.

> **Übung 41**: Reflektiere über das Bedürfnis, gesehen zu werden – bei Dir und bei anderen. Wie zeigt es sich?

Nach meiner Erkenntnis und Erfahrung ist dieses Bedürfnis das tiefste und älteste erlernte mentale Bedürfnis. Es beeinflusst einen Großteil unserer Handlungen. Und es ist das Programm, von dem man sich am schwersten befreit.

*

Vielleicht sagst Du, dass es Dir egal ist, ob Du gesehen wirst. Doch das ist eine Illusion. Du hast keine Erfahrung, über einen längeren Zeitraum nicht gesehen zu werden. In unsere Gesellschaft der menschlichen Box wirst Du ständig in irgendeiner Form gesehen: vom Partner, von Verwandten, von Freunden usw. Wenn Du Deinen monatlichen Arbeitslohn bekommst, wirst Du vom Arbeitgeber gesehen.

Machen wir ein Gedankenexperiment. Stell Dir vor, Du gehst über einen Platz, auf dem viele Menschen sind. Du grüßt, doch niemand grüßt zurück. Niemand schaut Dich an. Es ist, als wärest Du Luft. Was macht diese Vorstellung mit Dir?

Gehen wir dem Grüßen auf den Grund. Mit einem Gruß sagst Du: *„Ich sehe Dich"*. Eine Erwiderung bedeutet: *„Ich sehe Dich auch"*. Damit habt ihr ein Tauschgeschäft gemacht: Ihr habt einander gesehen. Das befriedigt Euer beider mentales Bedürfnis, gesehen zu werden.

Vielleicht sagst Du, dass es die Höflichkeit gebietet, zu grüßen und einen Gruß zu erwidern. Das ist richtig. Es ist eine Benimmregel unserer Gesellschaft. Es ist ein Programm, das zur menschlichen Box gehört.

Wie ist das in der Natur? Ich habe einmal ein halbes Dutzend Feldhasen eine Stunde lang auf einem offenen Feld beobachtet. Sie haben sich in dem Areal bewegt, sind sich nahe, manchmal sehr nahe gekommen und haben sich auch wieder voneinander entfernt. Jeder hat sich verhalten, als wäre er der einzige Hase auf dem Feld. Es gab keinen Gruß, kein Beschnuppern, kein Miteinanderspielen.

Regeln zu folgen bedeutet, programmiert zu sein. Höflich zu sein bedeutet, programmiert zu sein.

*

Was tun Menschen, um gesehen zu werden?

Eine Methode ist, sich an die Regeln der Gesellschaft zu halten. Eine andere ist, genau das nicht zu tun. Es hängt davon ab, als was Du gesehen werden willst. Hältst Du Dich an die Regeln, willst Du als braves Mitglied der Gesellschaft gesehen werden. Brichst Du die Regeln vorsätzlich, willst Du als Rebell oder Provokateur gesehen werden (oder die Gesellschaft ist Dir gleichgültig).

Eine weitere Methode ist, zu zeigen, was Du hast: einen tollen Körper, ein tolles Auto, ein tolles Haus, tolle Kleidung, tolle Urlaube usw.

Eine weitere Methode ist, zu zeigen, was Du kannst: eine Fremdsprache (gut) sprechen, singen, tanzen usw. In den Jahren, als ich oft um den Almsee wanderte, begegnete mir häufig ein Mann. Er war freundlich und nutzte jede Gelegenheit zu einem kurzen Gespräch. Wenn Frauen in der Nähe waren, machte er einen Scherz und begann zu jodeln. Das brachte ihm meist Applaus ein. Er wollte gesehen werden als jemand, der gut jodeln kann. Vielen Künstlern ist Applaus wichtiger als Geld. Das gilt sowohl für Künstler, die mit ihrer Kunst nicht genug verdienen, um davon leben zu können, als auch für jene, die von ihrer Kunst gut leben können.

Eine weitere Methode ist, zu zeigen, was Du weißt: Sobald sich in einem Gespräch eine Gelegenheit ergibt, streust Du etwas ein, das (mehr oder weniger) dazupasst. Oder Du korrigierst Fehler, die jemand macht. Ich habe das früher häufig getan. Ich habe auch meist eine ausführliche Erklärung gegeben, damit jeder sah, dass ich viel weiß.

Erkennst Du, wie wir permanent darum buhlen, gesehen zu werden? Dabei gibt es viele Varianten des Gesehenwerdens: Gelobtwerden, Bewundertwerden, Anerkanntwerden, Geliebtwerden, Berührtwerden, Bezahltwerden ...

> **Übung 42**: Betrachte die vergangenen 24 Stunden. Von wem wolltest Du gesehen werden und was hast Du dafür getan? Was haben andere getan, um von Dir gesehen zu werden?

Wenn Du etwas arbeitest und Lohn dafür bekommst, wirst Du gesehen. Dein Arbeitgeber sagt mit dem Geld: *„Ich sehe, dass Du Deine Arbeit erledigt hast"*.

Soziale Medien dienen dem Gesehenwerden. Du zeigst Dich, indem Du etwas postest. Klicks zeigen Dir, dass Du gesehen wirst. Likes zeigen Dir, dass Du Zustimmung bekommst.

Wir wollen gesehen werden, weil wir als Kinder dazu erzogen wurden. Je mehr wir gesehen werden, desto stärker wird dieses Bedürfnis. Soziale Medien können das zu einer Sucht werden lassen.

Übung 43: Erforsche Deinen Gebrauch sozialer Medien vor dem Hintergrund des Gesehenwerdenwollens.

Gesehen werden zu wollen, macht Dich abhängig. Du wirst zum Spielball derer, die Dich sehen sowie auch derer, die Dir ermöglichen, gesehen zu werden. (Ein Drogenabhängiger ist ein Spielball sowohl der Drogen als auch der Drogenhändler.)

Je süchtiger Du danach bist, gesehen zu werden, desto leichter bist Du programmier- und damit manipulierbar.

*

Wenn Du aufwächst, lernst Du noch viele weitere mentale Bedürfnisse. Ein Beispiel ist ein Wunsch (Bedürfnis) nach einem Eigenheim.

Übung 44: Mache eine Liste Deiner mentalen Bedürfnisse.

Im Kapitel „Sackgasse" komme ich noch einmal auf mentale Bedürfnisse zurück.

*

Frühmenschen hatten nur biologische Bedürfnisse. Diese wurden so rasch wie möglich erfüllt, denn dabei ging es um das Überleben. Daher hatten Frühmenschen erfüllte Leben. Auch Kinder haben, sofern ihre biologischen Bedürfnisse erfüllt sind, erfüllte Leben.

Doch in der menschlichen Box gibt es viele mentale Bedürfnisse, die nur mühsam oder gar nicht erfüllt werden können. ZB kannst Du ein Bedürfnis, mit der Mode zu gehen, nur dadurch erfüllen, dass Du genug Geld hast bzw verdienst, um modische Produkte kaufen zu können. In unserer Gesellschaft erleben die meisten Menschen ständig irgendwelche Bedürfnisse und suchen daher ständig nach Befriedigung. Dazu passend gibt es Industrien, die Befriedigung versprechende Produkte oder Dienstleistungen verkaufen. Die „Suche nach dem Glück" ist ein Riesengeschäft.

Die folgende Grafik hat zwei Lesarten: Sie zeigt die Entwicklung der Menschheit vom Frühmenschen zum modernen Menschen. Sie zeigt auch die Entwicklung vom Kind zum Erwachsenen.

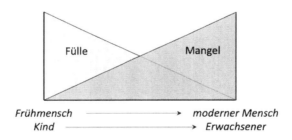

*

Dein Überleben hängt auch davon ab, dass Dein Körper unversehrt bleibt. Wenn Dich eine Lebensform angreift oder die Umweltbedingungen lebensbedrohlich werden (zB durch Feuer, ein Erdbeben oder eine Lawine), läufst Du Gefahr, zerstört zu werden. In so einem Fall entsteht ein Körperzustand, der Dich drängt, Dich zu verteidigen oder zu flüchten. Dieser Zustand heißt Angst.

Angst

Übung 45: Mache eine Liste der Ängste, die Du in den vergangenen Wochen erlebt hast. Was hat sie ausgelöst? Wie lange haben sie angedauert? Wie wurden sie aufgelöst? Welche bestehen noch?

Das Wort *Angst* hat die PIE Wurzel **angh* (= *eng*). Angst ist ein Gefühl der Enge und entsteht bei einer Bedrohung. Der Körper erstarrt, bevor er entweder flüchtet oder kämpft. Das Erstarren ist der Zustand von Enge: Die Blutgefäße des inneren Bewegungssystems verengen sich, damit mehr Blut in die Extremitäten fließt, wo es nun für einen Kampf oder eine Flucht gebraucht wird.

Als Mensch erlebst Du zwei Arten von Bedrohungen: reale und imaginierte. Entsprechend erlebst Du zwei Arten von Angst: Angst vor Dingen, die es gibt und Angst vor Dingen, die es nicht gibt, dh die Du Dir nur vorstellst. Die Angst vor Dingen, die es gibt, heißt auch *Real-Angst* oder *Furcht*.

Übung 46: Betrachte die Liste Deiner Ängste aus der vorigen Übung. Welche Ängste waren Real-Ängste? Welche imaginierten Bedrohungen haben die restlichen Ängste hervorgerufen?

Angst vor einer Prüfung kann aus der Vorstellung entstehen, dass Du sie nicht bestehen wirst. Angst vor einem Zahnarztbesuch kann aus der Vorstellung entstehen, dass die Behandlung weh tun wird. Angst vor einem Virus kann aus der Vorstellung entstehen, dass Du Dich mit dem Virus infizierst und es zu bedrohlichen Körperzuständen kommt. Doch all das sind nur imaginierte Szenarien.

Angst ist Enge – und Enge ist ein lebensfeindlicher Zustand. Angst drängt Dich daher zu einer Aktion, um die Bedrohung zu beenden. Wir schauen uns das im nächsten Abschnitt an.

Eine reale Bedrohung dauert nur kurz. Ein Angriff eines Löwen zB dauert Sekunden. Die Situation verlangt eine sofortige Aktion, die die Real-Angst sofort auflöst. Danach bist Du entweder davongelaufen, hast in einem Kampf gesiegt, leckst Deine Wunden – oder bist nicht mehr am Leben.

Wenn Du Angst vor einem Zahnarztbesuch hast, hört sie auf, sobald Du auf dem Behandlungsstuhl sitzt. Wenn Du Angst vor einer Prüfung hast, hört sie auf, sobald die Prüfung beginnt.

Eine Angst vor einem Virus ist anders, weil sie abstrakt ist. Nur wenn Du Dich infizierst und es zu Symptomen kommt, tritt die Situation, vor der Du Angst hast, ein und die Angst hört auf – oder sie verändert sich, denn nun könntest Du Angst vor einer Verschlimmerung der Symptome bekommen. Doch wenn Du Dich nicht infizierst, bleibt die Angst vor dem Virus meist bestehen. Eine imaginierte Bedrohung kann beliebig lang andauern – und mit ihr die Angst. Das kann den Körper schädigen.

Übung 47: Erforsche Deine Ängste sowie die Ängste der Menschen im Allgemeinen. Welche sind konkret? Welche sind nicht konkret?

Die meisten Ängste entstehen, weil Du Dir eine Zukunft vorstellst, die
Du nicht willst. Ob Du das tust, hängt von Deiner Grundhaltung ab.
Pessimisten neigen dazu. Optimisten neigen nicht dazu.[18]

> **Übung 48**: Bist Du ein Optimist oder ein Pessimist? Gibt es
> Lebensbereiche oder Situationen, in denen Du das eine bzw das
> andere bist? War einer Deiner Elternteile ein Pessimist?

Die Lösung scheint einfach: Sei kein Pessimist. Doch das ist leichter
gesagt als getan, denn Pessimismus ist ein Programm. Du erkennst das
an Kindern. Kinder sind nicht pessimistisch. Um kein Pessimist mehr zu
sein, musst Du Dich vom Pessimismus-Programm befreien.

Doch dies hat einen größeren Zusammenhang. Es geht um den Umgang
mit der Zukunft. In der menschlichen Box lernst Du, die Zukunft
kontrollieren zu wollen. Dahinter steht das erlernte mentale Bedürfnis
nach Sicherheit.

---

[18] Das Wort *Pessimismus* kommt von lateinisch *pessimus* (= *am schlimmsten*).
Das Wort *Optimismus* kommt von lateinisch *optimus* (= *am besten*).

Übung 49: Finde das Kontrollierenwollen in Dir. Erforsche Dein Bedürfnis nach Sicherheit.

Um den Verlauf bzw Ausgang eines Ereignisses zu kontrollieren, musst die Handlungen der involvierten Personen beeinflussen. Du musst sie manipulieren.[19]

Übung 50: Erforsche, warum und wie Du Menschen manipulierst.

---

[19] Das Wort *manipulieren* kommt vom französischen Wort *manipule* (= *mit der Hand auf etwas einwirken*; wörtlich: *so viel Kräuter, wie man auf einmal mit der Hand fassen kann*). Es geht auf die lateinischen Wörter *manus* (= *Hand*) und *plere* (= *füllen*) zurück.

Je mehr Ängste Du hast und je länger sie anhalten, desto mehr wird Dein Körper geschädigt, desto anfälliger bist Du für Erkrankungen und desto irrationaler handelst Du. Dazu einige Zitate aus einem Artikel über die Wirkung von Angst, der von der Universität von Minnesota (USA) veröffentlicht wurde:[20]

- *„Mit einer ständigen Bedrohung zu leben hat ernsthafte gesundheitliche Konsequenzen."*
- *„Angst schwächt unser Immunsystem."*
- *„Angst beeinträchtigt unser Denken und unser Entscheidungsvermögen."*
- *„Weitere Folgen länger anhaltender Angst sind Erschöpfung, klinische Depression und Posttraumatische Belastungsstörungen."*

*

Frühmenschen hatten nur Real-Ängste. Diese entstanden bei realen Bedrohungen oder wenn eine Situation die Erinnerung an eine reale Bedrohung auslöste.[21] Das Leben inmitten der Natur bot viele reale Bedrohungen und Situationen, die möglicherweise Erinnerungen an reale Bedrohungen auslösten, aber die Frühmenschen beschäftigten sich sofort mit ihnen, wodurch die Ängste sofort aufgelöst wurden. Ansonsten erforschten sie neugierig die Welt.

Neugier ist der Gegenspieler der Angst. Angst ist Enge. Neugier ist Weite. Angst will das Alte behalten, Neugier lässt Altes los und lädt Neues ein.

Kinder sind neugierig und erleben Angst nur bei realen Bedrohungen. Doch wenn sie aufwachsen, lernen sie, nach Sicherheit zu streben, ihr

---

[20] *"Impact of Fear and Anxiety"* (University of Minnesota): https://www.takingcharge.csh.umn.edu/impact-fear-and-anxiety

[21] Wenn eine Situation eine Erinnerung an eine reale Bedrohung auslöst, erlebt man Angst. Dies gilt für jede Lebensform und schließt das Träumen ein. Die Fähigkeit, sich willentlich an eine Bedrohung zu erinnern oder sich eine zukünftige Situation vorzustellen, die als bedrohlich erlebt wird, ist spezifisch menschlich.

Leben zu planen und zu versuchen, die Zukunft zu kontrollieren. Dadurch entstehen Ängste, dass sie versagen könnten. Daher haben die meisten Menschen viele Ängste.

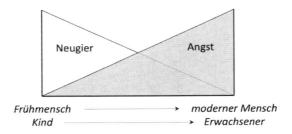

*

Mangel und Angst sind elementare Körperzustände, dh elementare Gefühle. Sie sind natürlich und gehören zum Überlebensrepertoire Deines Körpers. Sie werden, wie alle Gefühle, natürlicherweise durch eine Emotion aufgelöst. Diese elementare Emotion ist die Aggression.

Aggression

Übung 51: Welche Rolle spielt Aggression in Deinem Leben? Was macht Dich aggressiv? Wie gehst Du mit Deiner Aggression um? Wie gehst Du mit der Aggression anderer um? Betrachte und analysiere Situationen, in denen Du aggressiv warst oder jemandes Aggression erlebt hast.

Das Wort *Aggression* kommt von den lateinischen Wörtern *ad* (= *zu*) und *gradi* (= *schreiten*) und bezeichnet ein *Auf-etwas-zugehen*.

Aggression ist ein natürliches Tierverhalten, das dem Überleben dient. Ein Tier wird aggressiv, wenn es in Gefahr ist. Die Aggression liefert die Energie, um damit umzugehen. Ein hungriger Löwe nutzt Aggression, um Beute zu machen. Ein Löwe, der angegriffen wird, nutzt Aggression zum Kampf oder zur Flucht. Ein gefangener Löwe nutzt Aggression, um freizukommen. Eine Löwenmutter, deren Kind gefährdet ist, nutzt Aggression, um ihr Kind zu beschützen. Selbst eine Kuh braucht Aggression, um Gras zu fressen, weil sie auf das Gras zugehen und zubeißen muss. Ohne Aggression (ein Auf-etwas-zugehen) gibt es kein Überleben.

Da Du biologisch ein Affe bist, wirst auch Du aggressiv, wenn Du in Gefahr bist. Das ist natürlich und weder gut noch schlecht. Auch in Dir ist Aggression jene natürlich entstehende Emotion, die Gefühle von Mangel oder Angst auflösen soll. Da Du aber ein Mensch bist, kannst Du

auch imaginierten Mangel oder eine imaginierte Bedrohung erleben –
und daher aggressiv werden, ohne körperlich in Gefahr zu sein.

Es gibt drei Arten von realen Gefahren:

o   Einen Mangel an Nahrung, Wasser, Luft, Wärme oder Licht.
o   Eine Bedrohung durch eine andere Lebensform oder die Umwelt.
o   Eingesperrt sein.

Eingesperrt zu sein ist zwar auch ein Mangel, nämlich ein Mangel an
(Bewegungs-)Raum, doch es ist ebenso eine Erfahrung von Enge und
damit ein Angsterlebnis. Wir betrachten diesen Fall getrennt.

Es gibt auch drei Arten von imaginierten Gefahren: imaginierter/mentaler Mangel, imaginierte/mentale Bedrohung, imaginiertes/mentales
Eingesperrtsein.

Mangel

Stell Dir vor, Du bist hungrig. Hunger ist ein Mangel an Nahrung. Das ist
ein realer Mangel. Du wirst aggressiv, damit Du Nahrung findest und
isst. Das Bedürfnis nach Nahrung ist zwar ein biologisches Bedürfnis,
doch in unserer von der menschlichen Box gestalteten Gesellschaft
kann Nahrungsmangel viele Ursachen haben, wie zB: Du hast vergessen,
einkaufen zu gehen; Dein Partner hat vergessen, einkaufen zu gehen;
Du hast kein Geld, um Nahrungsmittel zu kaufen.

Natürlicherweise wirst Du Deine Aggression einsetzen, um Nahrung zu
bekommen oder die Ursache des Mangels zu beseitigen. Allerdings kann
Deine Wahrnehmung der Ursache falsch sein. Vielleicht glaubst Du, dass
Dein Partner vergessen hat, einkaufen zu gehen, doch tatsächich hast
Du vergessen, ihn darum zu bitten.

Stell Dir vor, Du hast einen Bericht geschrieben. Du hast tagelang daran
gearbeitet und bist stolz auf das Ergebnis. Du erwartest Lob. Das ist ein
erlerntes mentales Bedürfnis. Du präsentierst den Bericht, doch er wird
zurückgewiesen. Du erlebst einen mentalen Mangel.

Stell Dir vor, Du bist verliebt. Du glaubst, Signale zu erhalten, dass die
Zuneigung erwidert wird. Du erwartest, geliebt zu werden. Das ist ein

erlerntes mentales Bedürfnis. Du gestehst Deine Liebe, doch Du wirst zurückgewiesen. Du erlebst einen mentalen Mangel.

In beiden Situationen entsteht Aggression, weil Du einen mentalen Mangel erlebst und Dein Körper nicht zwischen realem und imaginiertem Mangel unterscheiden kann.

Jedes Mal, wenn Du einen mentalen Mangel erlebst oder daran erinnert wirst, entsteht Aggression. Letzteres kann geschehen, wenn Du Menschen siehst, die den Mangel, den Du erlebst, nicht zu haben scheinen. Wenn Du Dich zB nach Lob sehnst, erinnert Dich jede umjubelte Person an Deinen Mangel und triggert eine Portion Aggression. Wenn Du Dich nach Liebe sehnst, erinnert Dich jedes Pärchen an Deinen Mangel und triggert eine Portion Aggression.

> **Übung 52**: Erforsche das Thema Mangel in Deinem Leben. Welche Erlebnisse von Mangel hast Du? Welche sind real, welche sind imaginiert? Wie gehst Du damit um?

Bedrohungen

Stell Dir vor, jemand geht mit einem Messer auf Dich los. Das ist eine reale Bedrohung. Es entsteht Aggression, damit Du Dich entweder verteidigst oder davonläufst.

Stell Dir vor, jemand nennt Dich einen Versager. Das bedroht Dein Selbstbild. Das ist eine mentale Bedrohung, die Dich aggressiv machen kann.

Stell Dir vor, Du sagst, dass ein Nahrungsmittel gesund ist, und jemand kritisiert Dich. Deine Perspektive (Meinung) wird bedroht. Das ist eine mentale Bedrohung. Es hängt von vielen Faktoren ab, ob und wie Du diese Bedrohung erlebst: Drückst Du Dich unmissverständlich aus? Drückt sich Dein Gegenüber unmissverständlich aus? Wie interpretiert Dein Gegenüber, was Du sagst? Wie interpretierst Du, was Dein Gegenüber sagt? Sprachliche Kommunikation ist ein Abenteuer.

Stell Dir ein Ehepaar mit zwei Kindern vor. Sie ist Hausfrau und bereitet üblicherweise das Abendessen. Ihr Mann kommt um 18 Uhr nach Hause und fragt: *„Ist das Essen fertig?"* Es ist noch nicht fertig. Die Frau interpretiert die Frage als Vorwurf und verteidigt sich mit aggressivem Ton: *„Ich bin noch nicht fertig, weil ich mich den ganzen Nachmittag um die Kinder kümmern musste."* Daraufhin fühlt sich ihr Mann angegriffen. Ihr Tonfall suggerierte, dass er sie angegriffen hat. Das war aber nicht der Fall. Seine Frage war neutral. Er wollte nur wissen, ob vor dem Abendessen noch Zeit ist, die Zeitung zu lesen.

Warum hat die Frau die Frage ihres Mannes als Vorwurf und damit als Angriff interpretiert? Vielleicht hat sie das bei ihren Eltern so erlebt.

> **Übung 53**: Erforsche das Thema Bedrohungen/Angriffe in Deinem Leben. Welche Bedrohungen/Angriffe erlebst Du? Welche sind real, welche sind imaginiert? Wie gehst Du damit um?

Eingesperrtsein

Stell Dir vor, jemand fesselt Dich. Das ist ein reales Eingesperrtsein. In Dir entsteht Aggression, damit Du Dich befreien kannst.

Ein mentales Eingesperrtsein brauchst Du Dir nicht vorzustellen, denn die menschliche Box *ist* ein Gefängnis für Deinen Verstand.

Wie zeigt sich das?

Du tust etwas, obwohl Du es nicht tun willst. Du tust es trotzdem, weil Du Deinen Programmen folgst. Dadurch entsteht eine Portion Aggression. Allerdings bemerkst Du diese Aggression nicht, weil Du an das Funktionieren gewöhnt bist. Du bist sozusagen „in Gefangenschaft geboren worden".

Wird ein wild lebender Löwe gefangen und in einen Käfig gesperrt, wird er alles tun, um zu entkommen. Ein in Gefangenschaft geborener Löwe ist den Käfig gewöhnt. Er wird nicht auszubrechen versuchen.

Da in der menschlichen Box ständig neue Regeln dazukommen, wird Dein geistiges Gefängnis auch im Laufe Deines Lebens enger. Du lebst wie der Frosch in der Geschichte vom Frosch im Kochtopf:

Ein Frosch sitzt in einem Kochtopf, der mit kaltem Wasser gefüllt ist. Der Topf wird langsam erhitzt, bis das Wasser kocht. Der Frosch bleibt im Topf sitzen. Er wird bei lebendigem Leib gekocht, ohne dass er sich dagegen wehrt. Wird hingegen der Frosch in einen Topf mit heißem Wasser gesetzt, kämpft er um sein Leben und versucht alles, um dem heißen Wasser zu entkommen.

> **Übung 54**: Wie hat sich die Welt während Deines Lebens verändert? Wie würde sich Deine Kind-Version heute fühlen?

Kaum jemand erkennt sein geistiges Gefängnis. Denk an den Adler aus der ANDEREN Geschichte vom Adler im Hühnerstall. Einzig die unerfüllte Sehnsucht zeigt, dass etwas nicht stimmt.

> **Übung 55**: Erinnere Dich an eine Begebenheit, in der Du als Kind so richtig glücklich warst. Wie fühlt sich diese Erinnerung an?

Du bist geistig eingesperrt, ohne dass Du es bemerkst. Jeden Tag stößt Du, metaphorisch gesprochen, an die Mauern Deines Gefängnisses. Das ist immer dann der Fall, wenn Du etwas tust, obwohl Du es nicht tun willst, es aber trotzdem tust, weil Du Deinen Programmen folgst. Jedes Mal, wenn das geschieht, reagiert Dein Körper mit einer unterschwelligen Aggression. Das ist eine Aggression, die so klein ist, dass Du sie nicht wahrnimmst. Du lebst diese Mikro-Aggression daher nicht aus.

> **Übung 56**: Betrachte die vergangene Woche. Was hast Du getan, obwohl Du es nicht tun wolltest? Was wäre gewesen, wenn Du es nicht getan hättest?

Im Laufe der Zeit summieren sich die vielen Mikro-Aggressionen und eines Tages bringt eine Kleinigkeit das Fass zum Überlaufen. Es kommt zu einem Ausbruch (Aggression gegen andere) oder einem „Ein"-Bruch (Aggression gegen Dich selbst).

Wie tief dieses Fass ist, ist von Mensch zu Mensch verschieden. Wenn jemand in einer Familie aufgewachsen ist, in der Aggressionen nicht ausgelebt wurden, ist das Fass sehr tief. So ein Mensch hat gelernt, Aggressionen zu unterdrücken. Es scheint, als ob ihn nichts aus der Ruhe bringen könnte. Wenn dann allerdings ein Tropfen das Fass zum Überlaufen bringt, ergießt sich alles, was sich angestaut hat. Daher ist bei so einem Menschen der Aus- oder „Ein"-Bruch meist unverhältnismäßig heftig.

Natürlicherweise wird Aggression gegen die Ursache oder in Richtung Lösung der Gefahr gerichtet, wie zB die Gefängnismauern, einen Angreifer oder eine Nahrungsquelle (Beute). Doch die durch die menschliche Box entstehende Aggression hat keinen Adressaten. In diesem Fall hast Du nur zwei Möglichkeiten: Du richtest die Aggression gegen etwas Unbeteiligtes oder gegen Dich selbst.

Aggression gegen Dich selbst (Auto-Aggression) entsteht durch Unterdrückung der Aggression. Doch Aggression ist Energie. Energie wirkt. Das ist Physik. Daher kann es durch Auto-Aggression zu physiologischen oder psychologischen Erkrankungen bis zur Selbsttötung kommen.

Aggression nach außen ist Gewalt gegen Objekte oder andere Lebensformen. Gewalt gegen Objekte reicht von einem Faustschlag auf den Tisch über Vandalismus bis zu Anschlägen auf öffentliche Einrichtungen. Gewalt gegen andere Lebensformen reicht von Missbrauch bis Tötung.

Übung 57: Erforsche das Thema Aggression in Deinem Leben und in der Gesellschaft.

*

Solange Deine biologischen Bedürfnisse erfüllt sind, hat Aggression immer eine Ursache: die menschliche Box. Einerseits ist sie die Quelle für mentale Bedürfnisse, die oft unerfüllt bleiben. Andererseits ist sie Dein geistiges Gefängnis.

Aggression kann auch durch unterdrückte Emotionen entstehen. Doch auch das entsteht durch die menschliche Box. Seine Gefühle auszudrücken ist natürlich. Das siehst Du an Kindern. Wenn wir aufwachsen, lernen wir, dass der Ausdruck von Gefühlen oft unpassend oder gar verboten ist. Wir lernen, Emotionen zu unterdrücken. Doch Emotionen lösen körperliche Spannungen. Unterdrückst Du sie, bleiben die Spannungen im Körper. Das ist einer der Gründe, warum die Elastizität und Geschmeidigkeit, die Kinder haben, mit zunehmendem Alter verloren gehen. Ausnahmen sind Menschen, die ihre Gewebe regelmäßig entspannen, zB durch geeignete Ernährung oder Yoga-Übungen.

*

Übung 58: Was hat Dich in letzter Zeit wütend, ärgerlich, zornig oder traurig gemacht? Analysiere, welche Lebensumstände zusammen mit welchen Bedürfnissen dazu geführt haben. Analysiere, ob auslösende Lebensumstände veränderbar gewesen wären. Analysiere, welche mentalen Bedürfnisse beteiligt waren und welche Programme sie hervorbringen.

*

Die menschliche Box ist Dein Gefängnis. Sie erzeugt Mangel und Ängste. Dadurch entsteht Aggression. Aggression führt zu Gewalt – Gewalt gegen andere oder gegen Dich selbst. Beide Arten von Gewalt machen zusätzliche Angst. Angst verlangt Kontrolle. Kontrolle erfolgt durch neue Regeln. Neue Regeln machen die Box noch enger. Das ist ein Teufelskreis.

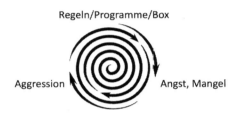

Das betrifft uns individuell und kollektiv. Dieser Teufelskreis führt zu einer ständigen Zunahme von Aggression, Gewalt, Unfällen und Krankheiten.

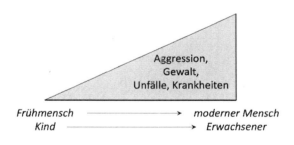

*

Gedanken werden zu Gefühlen – Geisteszustände werden zu Körperzuständen. Daher zeigt Dein Körper, was geistig mit Dir los ist.

Der Körper spricht

In diesem Abschnitt erzähle ich ein paar Episoden aus meinen Jahren der Erforschung der menschlichen Box und dem Freiwerden von vielen meiner Programme.

> **Erklärung**: *Ich schreibe über persönliche Erfahrungen. Ich gebe damit keine Empfehlung ab. Du musst selbst entscheiden, wann Du bei gesundheitlichen Problemen professionelle Hilfe in Anspruch nimmst.*

*

Ich hatte 2011 mit der Erforschung der menschlichen Box begonnen, während ich mein normales Leben weiterführte. Ich war beruflich aktiv, hatte eine Beziehung und traf mich mit Familie und Freunden.

Im Frühjahr 2014 begann mein rechtes Kiefer zu schmerzen. Ich ging zum Zahnarzt. Er sagte, dass die Zähne in Ordnung sind, wahrscheinlich verursacht das Kiefergelenk die Schmerzen. Ich ging zu einer Osteopathin. Sie empfahl vier Behandlungen im Abstand von je einer Woche. Nach der ersten Behandlung war der Schmerz wie weggeblasen. Während der drei Wochen zwischen dem ersten und dem vierten Termin war ich schmerzfrei. Unmittelbar nach der vierten Behandlung, auf dem Weg zum Auto, kam der Schmerz mit der Intensität wieder, die er vor der ersten Behandlung gehabt hatte. Die einzig sinnvolle Erklärung war, dass mein Körper mit mir sprechen wollte. Ich nahm an, er sagte: *„Ich will nicht, dass Du die Schmerzen unterdrückst oder verschiebst. Ich will mit Dir sprechen. Die Schmerzen sind meine Sprache."*

Ich begann zuzuhören. In den nächsten Wochen beobachtete ich mein Verhalten vor dem Hintergrund meiner Kieferschmerzen. Dabei erkannte ich einen Zusammenhang. Jedes Mal, wenn ich ein gewisses Verhaltensmuster bediente, wurden die Schmerzen stärker. Indem ich willentlich aus diesem Muster ausstieg, hörten die Schmerzen auf.

Bald darauf hatte ich auf einer Wanderung einen Unfall. Ich blieb mit dem rechten Vorderfuß im Waldboden stecken, stürzte und brach mir die große Zehe. Ich hatte bereits anerkannt, dass mein Körper mit mir spricht. Was wollte mir die gebrochene Zehe sagen? Ich war mit dem Vorderfuß steckengeblieben. Wo war ich in meinem Leben steckengeblieben? Die Antwort war offensichtlich. Ich war mit meiner Forschung steckengeblieben. 2011 hatte ich begonnen, die menschliche Box zu erforschen und mich von meinen Programmen zu befreien. Doch ich hatte seit Monaten keine Fortschritte mehr gemacht. Und die meisten meiner Erkenntnisse waren nur Theorie. Warum? Weil ich immer noch die Programme der menschlichen Box ausführte. Ich hatte mein Leben ohne große Veränderungen weitergeführt.

Am 28. September 2014 nahm ich meinen ganzen Mut zusammen und entschied, das soziale Leben der menschlichen Box zu verlassen. In den folgenden Monaten beendete ich meine beruflichen Aktivitäten und meine Beziehung, verabschiedete mich von Familie und Freunden, verschenkte meinen Hausrat und verkaufte meine Wohnung. Ich zog an einen Ort nahe der österreichischen Berge. Ich verzichtete auf Medienkonsum und hatte nur die allernötigsten sozialen Kontakte, wie zB beim Einkaufen oder beim Essen in einem Restaurant. Ich konzentrierte mich ganz auf die Erforschung der Fragen: Was bin ich? Was ist die menschliche Box? Wie befreie ich mich von meinen Programmen? Die aufregendste und erfüllendste Zeit meines Lebens hatte begonnen.

Ich habe 2011 mit diesem Projekt „sanft", dh ohne radikale Veränderungen begonnen. 2014 hat mir mein Körper gesagt, dass ich *„in einen höheren Gang schalten"* soll. Tatsächlich wollte ich mehr, als mich von meinen Programmen befreien. Der Wissenschaftler in mir wollte die geistigen Mechanismen hinter der menschlichen Box verstehen. Ich bin also so tief wie möglich in dieses Thema eingetaucht, um auch Antworten zu finden, die über mich und meine Programme hinausgehen.

Vielleicht möchtest Du einwenden, dass man von den Erfahrungen *eines* Menschen nicht auf alle Menschen schließen kann. Das ist richtig. Doch ohne persönliche Erfahrungen bleibt alles nur Theorie. Viele Menschen stimmen zu, dass wir von unzähligen Programmen gesteuert werden. Doch diese Erkenntnis allein ändert nichts. Es braucht Taten in Form einer Deprogrammierung. Also bin ich ins kalte Wasser gesprungen. Vieles von dem, was ich erfahren und herausgefunden habe, gilt nur für mich. Vieles gilt für alle Menschen. Denk zur Veranschaulichung an den menschlichen Körper. Außen schauen wir alle verschieden aus. Wir tragen verschiedene Kleidung und unterscheiden uns in Hautfarbe, Haarfarbe, Augenfarbe, Größe, Gewicht usw. Doch innen sind wir alle gleich gebaut. Jeder hat ein Herz, eine Leber, Nieren usw.

Als gelernter Wissenschaftler war und bin ich in meiner Erforschung peinlichst darauf bedacht, Persönliches von Allgemeinem zu trennen. Ich schreibe über das, was nach meinen Erkenntnissen für alle Menschen gilt. Persönliches streue ich ein, indem ich es als persönliche Geschichte erzähle.

*

Das Auflassen und Verkaufen meiner Wohnung war ein wichtiger Schritt. Ich hatte diese Wohnung von meiner Mutter geerbt. Ich bin in dieser Wohnung aufgewachsen.

Als meine Mutter 2009 starb (mein Vater war 1996 gestorben), ließ ich die Wohnung vollständig renovieren. Bis auf die Holzböden in drei Räumen ließ ich alles erneuern. Die Wohnung erhielt einen neuen Innenputz, neue Böden, neue Heizkörper, eine neue Elektroinstallation, ein neues Bad usw. Ich ließ sogar eine Tür versetzen. Ich wohnte in dieser Wohnung bis 2014.

Im Nachhinein erkannte ich, wie sehr mir die fünf Jahre in dieser Wohnung geschadet hatten. Ich sah das, indem ich die 2009-Version von mir mit der 2014-Version von mir verglich. Ich war entsetzt! In diesen fünf Jahren war ich in vielerlei Hinsicht wie meine Eltern geworden. Mehrere elterliche Muster, die 2009 schwach waren, waren 2014 stark.

Ich hatte bis zu meinem zwanzigsten Lebensjahr mit meinen Eltern in dieser Wohnung gelebt. Damals wurde ich Vater und gründete einen eigenen Haushalt. Ich hatte zwar weiterhin häufig Kontakt mit meinen Eltern, doch ich brachte einen persönlichen Stil in meine menschliche Box. Fünf Jahre Leben am Ort meiner Kindheit und Jugend haben das weitgehend zunichte gemacht. Trotz Totalrenovierung und neuer Möbel war, bildhaft gesprochen, noch zu viel von meinen Eltern in dieser Wohnung. Dazu gehören ja auch die Nachbarn, die Umgebung usw. Ich war in dieser Wohnung wieder Kind meiner Eltern – obwohl beide schon tot waren.

Ich weiß jetzt aus eigener Erfahrung, was ein Leben in der familiären Umgebung mit einem macht. Als ich die Wohnung 2014 ausräumte, kappte ich die Verbindung zu meinen Eltern und meinem alten Leben vollständig und endgültig. Unter anderem vernichtete ich sämtliche Erinnerungsfotos.

Ein weiterer großer Schritt war das Loslassen meiner Bücher. Schon als Kind hatte ich gerne gelesen. Bücher kaufen war eine Sucht. Jede Buchhandlung war eine Versuchung, an ihr vorüberzugehen ein Kraftakt, den ich nur selten vollbrachte. Auf meinen vielen Reisen hatte ich fast jede Gelegenheit genutzt, in lokalen Buchhandlungen zu stöbern. Mein Reisegepäck war auf der Heimreise fast immer um einiges schwerer als auf der Anreise. So war bis 2014 eine Privatbibliothek mit knapp 5.000 Fachbüchern entstanden.

Ich habe immer schon nach Wissen und Wahrheit gesucht. Früher glaubte ich, diese in Büchern finden zu können. Doch schon in den ersten Jahren meiner Erforschung hatte ich erkannt, dass ich in Büchern nicht die Wahrheit finde, sondern nur die Perspektiven ihrer Autoren.

Wir sind programmiert zu glauben, dass andere mehr wissen als wir. Daher suchen wir Weisheit und Wahrheit in Büchern, Vorträgen, Seminaren und Schulen. Statt selbst zu forschen, konsumieren wir Information. Besonders deutlich habe ich das in einem buddhistischen Zentrum erlebt.

Ich hatte den Begriff Seele intensiv erforscht und wollte mich mit einem Buddhisten darüber austauschen. Doch es war unmöglich. Er zitierte nur irgendwelche Meister. Ich hatte aufgrund meiner Forschung selbst etwas geistig gesehen. Er war nur eine lebende Sammlung buddhistischer Zitate. Ich habe das Gespräch nach etwa zehn Minuten abgebrochen.[22]

Zurück zu meinen Büchern. Nachdem ich die Bücher weggegeben hatte, verlor ich viel Körpergewicht. Das war bemerkenswerter, weil ich immer schon sehr schlank war. Bei einer Körpergröße von 177 cm wog ich meistens 57–58 kg, phasenweise nur 55 kg. Nachdem die Bücher weg waren, nahm ich innerhalb weniger Wochen auf 46 kg ab – und das, obwohl ich wie üblich aß.

Zufall? Nein. Ich höre meinem Körper seit 2014 zu. Die Zusammenhänge zwischen meiner Lebenssituation, meinen Programmen und dem Zustand meines Körpers sind zu einer intensiven persönlichen Erfahrung geworden. Ich weiß aus Erfahrung, dass sich mein geistiger Zustand zu

---

[22] In meinem Buch über die Neugier reflektiere ich über Wissen und Wahrheit.

100 % in meinem körperlichen Zustand zeigt und eine echte Veränderung bzw Heilung des Körpers nur durch Veränderung bzw Heilung der geistigen Ursachen geschieht. Ich hatte mich von meiner Vergangenheit getrennt. Die körperliche Entsprechung war der Verlust von Gewebe – Gewebe, das wahrscheinlich so schwach war, dass es nicht die Basis für mehr Gewebe (und damit mehr Körpergewicht) sein konnte.

In der Folge entstanden viele Entzündungen in meinem Körper. Jede hatte eine Entsprechung in Programmen. Indem ich die Programme fand, analysierte und mich davon befreite, heilten die Entzündungen. Mein Körper wurde schrittweise kräftiger. Nahrungsmittelunverträglichkeiten verschwanden. Ich nahm zu. Heute wiege ich um die 65 kg und fühle mich körperlich kräftiger und stabiler als je zuvor in meinem Leben.

*

In diesen Jahren war ich mit drei Ausnahmen nie bei einem Arzt, Heiler oder Therapeuten.

Eine Ausnahme war mein Zahnarzt, der meine Zähne regelmäßig kontrollierte. Es mussten eine Wurzelbehandlung gemacht und ein paar Füllungen erneuert werden.

Eine zweite Ausnahme war eine Leistenbruchoperation. Ich vermute, dass ich mir den Bruch bei einem von zwei Stürzen zugezogen hatte. Auch diese Situation hatte eine Entsprechung in einem Programm.

Eine dritte Ausnahme war eine Situation, in der die Symptome so stark wurden, dass ich „die Notbremse zog". Ich hatte den Tag über viel Wasser getrunken, aber nur sehr wenig uriniert, obwohl ich Urindrang verspürte. Am Nachmittag wurde mir das unheimlich. Ich erinnerte mich, dass mein Vater einmal infolge einer Prostataschwellung ähnliche Symptome gehabt hatte. Ich fuhr zum nächsten Krankenhaus in die Ambulanz. Eine Ultraschalluntersuchung zeigte, dass der Blase nur halb voll war. Der Arzt wollte mich zwar zur Beobachtung über Nacht im Krankenhaus behalten, doch ich unterschrieb einen Revers und fuhr nach Hause. Falscher Alarm. Mein Körper wollte auch diesmal nur mit mir sprechen.

Wachstum

Kennst Du die Phrase *„Veränderung ist die Essenz des Lebens"*?

> **Übung 59**: Wie geht es Dir mit Veränderungen in Deinem Leben? Hat es Veränderungen gegeben, gegen die Du Dich gewehrt hast? Wie schaut das im Rückblick aus? (Das Leben wird vorwärts gelebt und rückwärts verstanden.)

Ist diese Phrase überhaupt wahr? Oder ist sie ein Programm in der menschlichen Box? Machen wir dazu ein Gedankenexperiment.

Stell Dir einen Laubbaum vor. Du pflückst ein Blatt und legst es auf einen Tisch. Nach einiger Zeit ist das Blatt auf dem Tisch braun und trocken. Es ist verwelkt. Die Blätter am Baum, die Geschwister des verwelkten Blattes, sind immer noch grün und lebendig.

Verwelken ist eine Veränderung. Doch diese Veränderung ist dem Leben *entgegengesetzt*. Daher kann Veränderung nicht die Essenz des Lebens sein.

Was ist die Essenz des Lebens?

Während das abgepflückte Blatt am Tisch verwelkt ist, haben sich die Blätter am Baum nicht verändert. Doch sie sind immer noch lebendig. Warum? Es muss Prozesse im Baum geben, die den Zerfall verhindern. Durch das Abpflücken wurde das Blatt von diesen Prozessen getrennt. Das gilt für alles, was lebt. Ein Stück Fleisch, das von einem lebenden Tier getrennt wurde, zerfällt (verfault) innerhalb von Stunden oder Tagen. Fleisch, das Teil eines lebenden Tieres ist, kann mehr als 100 Jahre alt werden, wie wir an Riesenschildkröten und Menschen sehen.

Schauen wir uns den Zerfall genauer an. Zerfall ist eine Veränderung, bei der etwas weniger komplex wird. Ein Blatt verwelkt. Ein Stück Fleisch verfault. Ein Stein zerfällt irgendwann zu feinem Sand. Sogar Sterne zerfallen. Hat ein Stern eine gewisse Komplexität erreicht, kollabiert er zu einem Weißen Zwerg, Neutronenstern oder Schwarzen Loch. Da Zerfall eine *Abnahme* von Komplexität ist, braucht seine Verhinderung das Gegenteil, nämlich eine *Zunahme* von Komplexität. Ein geeignetes Wort dafür ist *Wachstum*. Die Prozesse, die in einem Lebewesen den Zerfall verhindern, sind Wachstumsprozesse.

Das legt folgende Perspektive nahe: Alles zerfällt. Das ist die Natur der Dinge. Doch einige Dinge wachsen auch. Wenn das Wachstum stark genug ist, um den Zerfall auszugleichen, ist das Ergebnis Zerfallsverhinderung. *Das* ist Leben. Leben wächst, um den Zerfall auszugleichen. Leben heilt permanent seinen natürlichen Zerfall.[23]

Ist das Wachstum schwächer als der Zerfall oder gleich stark, ist es nicht sichtbar. Denk an einem Baum im Sommer. Die Blätter werden nicht mehr größer, wie im Frühling, aber sie zerfallen auch nicht, wie im Herbst. Wachstum und Zerfall gleichen einander aus. Du kannst das auch bei Sportlern und Musikern beobachten. Zuerst brauchen sie Training, um ihre Fähigkeiten wachsen zu lassen. Danach brauchen sie

---

[23] Das Wort *Leben* hat die PIE Wurzel *leip- (= kleben), die auch die Wurzel des Wortes *bleiben* ist.

dieses Training, um das Erreichte zu erhalten. Ohne Training würden ihre Fähigkeiten kontinuierlich schwächer werden. Sie würden zerfallen, wie alles zerfällt.

> **Übung 60**: Welche Erfahrungen hast Du mit dem Erlernen von Fähigkeiten im Sport, in der Musik oder einer Fremdsprache gemacht?

Wenn Leben beginnt, zB wenn ein Baum im Frühling neue Blätter entwickelt, ist das Wachstum stärker als der Zerfall. Wenn Leben endet, zB wenn ein Baum im Herbst die Blätter verliert, ist das Wachstum schwächer als der Zerfall.

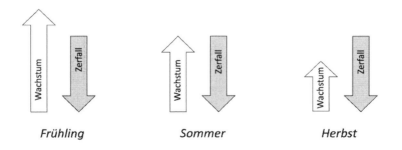

Mit uns ist es ebenso. Als Kind gedeihen wir. Unser Körper wächst und in uns wachsen körperliche und geistige Fähigkeiten wie Gehen, Sprechen, Zeichnen, Schreiben usw. Das entspricht dem Frühling. Im Alter „verwelkt" unser Körper und unsere Fähigkeiten, wie zB unsere Körperkraft, nehmen ab. Das entspricht dem Herbst.

Wachstum ist die Essenz des Lebens.

Du musst wachsen, um am Leben zu bleiben. Wenn Du nicht wächst, verwelkst (verfällst) Du.

> **Übung 61**: Analysiere Abschnitte Deines Leben in Bezug auf Wachstum: Deine Kindheit, Deine Jugend und die letzten zwei Jahre.

*

Ein bemerkenswertes Beispiel von Verfall aufgrund von mangelndem Wachstum ist der indische Weise Ramana Maharshi.

Im Alter von 16 Jahren hatte Ramana ein Erlebnis, das er als ein Sterben erlebte und das sich als Erleuchtung entpuppte.[24]

Nach dieser Erfahrung verließ Ramana sein Zuhause. Er ging auf den Berg Arunachala und meditierte dort monatelang. Er war so tief in seine Meditation versunken, dass er nicht bemerkte, wie sein Körper verfiel. Ein hinduistischer Heiliger fand ihn und sorgte für den Körper, was Ramana vermutlich das Leben rettete. Er blieb sein Leben lang auf Arunachala und wurde von Menschen aus aller Welt verehrt. Doch er entwickelte Krebs. Vier Operationen blieben erfolglos. Die Ärzte rieten zu einer Amputation seines Armes. Das verweigerte Ramana und starb im Alter von 70 Jahren.

Wie konnte das geschehen? Ramana Maharshi war erleuchtet, lebte fernab der Zivilisation, führte ein friedliches Leben ganz ohne Stress, aß nur gesunde Nahrung und war keinen Umweltgiften ausgesetzt. Keiner der Faktoren, die wir als Auslöser von Krebs kennen, war in seinem Leben. Trotzdem starb er relativ jung an dieser Erkrankung.

---

[24] Nach meinem Verständnis ist Erleuchtung ein Ereignis, bei dem die Identifikation mit dem Ich verschwindet. (Um das vollständig zu verstehen, müsste ich das ‚Ich' genau definieren. Ich tue das im Buch über das Bewusstsein.)

Ohne Identifikation mit dem Ich ist man nur mehr ein Beobachter seines Lebens. Das hat Vorteile. Statt *„ich leide"* erlebt man *„da ist Leid"*, ohne dass man sich mit dem Leid identifiziert. Statt der Leidende zu sein, schaut man sich beim Leiden nur zu. Das ist leichter. Daher streben viele spirituell suchende Menschen nach Erleuchtung. Sie glauben, dadurch dem Leid zu entkommen und Frieden zu finden. Doch das ist eine gefährliche Illusion. Nach meiner Erfahrung hat jedes Leid einen Sinn. (Siehe den Abschnitt „Der Körper spricht" im vorigen Kapitel.) Leid zeigt, dass etwas nicht stimmt. Leid ist ein Aufschrei des inneren Adlers, der frei sein und wachsen möchte. Wenn ich leide und das richtige Verständnis für die Sprache des Leids habe, kann ich mein Leben geeignet verändern. Wenn ich mich allerdings mit dem Leid nicht mehr identifiziere und daher nicht mehr leide, kann es mich auch nicht mehr zu einer Veränderung drängen.

Eine diesbezüglich gegenteilige Lebensgeschichte ist die des spanischen Malers Pablo Picasso, der nur zwei Jahre nach Ramana geboren wurde.

Im Alter von etwa 20 Jahren verließ Picasso seine Heimat Spanien und lebte fortan in Paris, das ein Zentrum der Kunst war. Er führte ein äußerst ungesundes Leben. Er rauchte wie ein Schlot, trank wie ein Loch, verbrachte unzählige Stunden in Lokalen und arbeitete in den Nächten an seinen Bildern. Picasso starb im Alter von 91 Jahren an einem Herzinfarkt. Das war ein, im Vergleich zu dem von Ramana Maharshi, leichter Tod.

Zufall? Nein. *Alles* hat eine Ursache.

Die Lebensgeschichten von Ramana Maharshi und Pablo Picasso passen zur Erkenntnis, dass man wachsen muss, um am Leben zu bleiben. Ramana ist nicht mehr gewachsen. Picasso ist permanent gewachsen. Wachsen war sein Lebensmotto:

> *Ich tue immer das, was ich nicht kann,*
> *um zu lernen, wie man es tut.*
> *(Pablo Picasso)*

Picasso hat den Kubismus begründet und ihn auch wieder hinter sich gelassen. Er hat sein Leben lang Kunstwerke in immer neuen Stilen geschaffen. Die Gesamtzahl seiner Werke wird auf etwa 50.000 geschätzt. Picasso ist als Künstler permanent gewachsen. Daher konnte er trotz einer ungesunden Lebensweise relativ alt werden.

Der Leidensweg von Ramana Maharshi ist in spirituellen Kreisen kein Einzelfall. Viele Menschen, die spirituellen Pfaden folgen, entwickeln Krankheiten oder sterben vorzeitige Tode. Warum?

Ich hatte einmal ein Gespräch mit einem spirituellen Lehrer. Ich erzählte ihm von meiner Erforschung der menschlichen Box und dem Freiwerden von meinen Programmen. Danach fragte er mich: „*Hast Du Frieden gefunden?*" Meine Antwort war: „*Es geht im Leben nicht um Frieden.*"

Das Wort Friede hat die PIE Wurzel *prai-* (= *schonen*). Doch eine Schonung gibt es in der Natur nicht. Da wird nichts und niemand geschont – weder ein Löwe noch eine Gazelle noch sonst etwas. Noch deutlicher wird es, wenn wir das englische Wort für Friede betrachten. Das Wort *peace* hat die PIE Wurzel **pag-* (= *festmachen*), was offensichtlich das Gegenteil von Lebendigkeit ist. Wer nach Frieden strebt, läuft der falschen Karotte nach. Friede ist das Gegenteil von Leben. Friede gibt es nur im Tod. Daher findet man auf vielen Grabsteinen den Spruch: *„Ruhe in Frieden"*.

Um zu leben, musst Du wachsen.

Doch nicht jede Art von Wachstum ist von Vorteil. Wenn Du übermäßig isst, könnte Dein Körpergewicht übermäßig wachsen. Das fördert Dich nicht, sondern ist ein Gesundheitsrisiko. Welches Wachstum fördert Dich? Schauen wir uns an, auf welche Arten Du wachsen kannst.

- Dein Körper kann zunehmen – körperliches Wachstum.
- Deine körperlichen Fähigkeiten können zunehmen – sensomotorisches Wachstum.
- Deine geistigen Fähigkeiten können zunehmen – geistiges Wachstum.

Wachstum braucht Baumaterial, sogenannte ‚Nahrung'. In jeder Lebensform gibt es daher eine Kraft, die nach Nahrung verlangt. Diese Kraft ist der *Hunger*.[25] Da Du als Mensch auf drei Arten wachsen kannst, erlebst Du auch drei Arten von Hunger nach drei Arten von Nahrung:

- Du bist hungrig nach physischer Nahrung – physischer Hunger.
- Du bist hungrig nach Sinneswahrnehmungen und Bewegung – sensomotorischer Hunger.
- Du bist hungrig nach Wissen und Verstehen – geistiger Hunger, auch *Neugier* genannt.

---

[25] Dieses Wort hat die PIE Wurzel **kenk-* (= *brennen*). Dazu passt der Ausdruck *„darauf brennen"* mit der Bedeutung *„begierig sein auf"* bzw *„hungrig sein auf"*.

Übung 62: Reflektiere über diese drei Arten von Hunger bei Dir.

Du siehst diese drei Arten von Hunger deutlich bei Kindern.

Kinder sind hungrig nach physischer Nahrung. Du kannst ihnen beim Wachsen ihrer Körper förmlich zuschauen. Im ersten Lebensjahr ist das Wachstum am stärksten. Da verdreifacht sich das Körpergewicht.

Kinder sind hungrig nach Sinneswahrnehmungen und Bewegung. Sie schauen, lauschen, tasten und schmecken. Sie krabbeln, greifen, gehen, laufen, springen und klettern. Ihre sensomotorischen Fähigkeiten wachsen Tag für Tag.

Kinder sind hungrig nach Wissen und Verstehen. Sie fragen auf tausend Arten mit allen Sinnen ‚Warum?' und ‚Warum nicht?' und lauschen nach Antworten. Die meisten dieser Fragen stellen sie stumm im Spiel.

Das Spiel ist die höchste Form der Forschung.
(Albert Einstein)

Jedes Kind ist ein Forscher. Das Wort *forschen* hat die PIE Wurzel *prk- (= *fragen*). Ein Forscher ist ein Fragender. Durch die Frage ‚Warum?' erforscht ein Kind, was ist. ZB bewegt es einen Gegenstand hin und her, zerrt an ihm und zerlegt ihn möglicherweise in seine Bestandteile. Durch die Frage ‚Warum nicht?' erforscht es, was sein könnte. Es kreiert. ZB legt es Bausteine aufeinander oder zeichnet etwas. Durch seine Forschung wächst das Kind Tag für Tag geistig.

*

Analysieren wir die drei Arten von Wachstum.

Körperliches Wachstum ist eine Zunahme an Größe oder Gewicht. Das Größenwachstum endet üblicherweise vor dem zwanzigsten Lebensjahr. An Gewicht kannst Du ein Leben lang zunehmen. Allerdings hat körperliches Wachstum physikalische Grenzen. Besonders große oder schwere Menschen sind in ihrer Beweglichkeit stark eingeschränkt und anfällig für Erkrankungen und Verletzungen.[26] Daher ist körperliches Wachstum nicht geeignet, um Dich lebenslang wahrhaft zu erfüllen.

Sensomotorisches Wachstum ist das Erlernen körperlicher Fähigkeiten. Dazu gehört, was Du zB in einer Sportart brauchst. Auch sensomotorisches Wachstum hat physikalische Grenzen. Du kannst trainieren, um in einer Sportart möglichst gut zu werden. Doch es gibt einen Punkt, ab dem ein weiteres Wachstum nicht mehr möglich ist.[27] Sobald Du diesen Punkt erreicht hast, dient alles weitere Training nur mehr dem Erhalt. Wenn Du durch Training nur mehr das zuvor Erreichte erhalten kannst, sagt Dir zwar der Verstand, dass das toll ist, doch Du erlebst kein Wachstum mehr und damit keine echte Erfüllung. Daher ist auch

---

[26] Der größte Mensch in der Geschichtsschreibung war Robert Wadlow. Er war 2,72 m groß und wog 220 kg. Er musste Beinschienen tragen, um gehen zu können. Während eines Auftritts irritierte eine fehlerhafte Beinschiene seinen Knöchel. Es entstand eine Blase, die sich infizierte und schließlich zum Tod im Alter von nur 22 Jahren führte.

[27] Der Weltrekord im 100-Meter-Lauf zB beträgt derzeit 9,58 Sekunden und wird von Usain Bolt aus Jamaika gehalten (Stand April 2021). Wissenschaftler halten Zeiten von 9,4 Sekunden für möglich, einer sogar eine Zeit von 9,27 Sekunden.

sensomotorisches Wachstum nicht geeignet, um Dich lebenslang wahrhaft zu erfüllen.

Geistiges Wachstum ist eine Zunahme an Wissen und Knowhow, wie zB Verständnis, Einsicht, Fremdsprachen usw. Aber Achtung: Wissen ist etwas anderes als Information. Wenn Du ein Buch über Ernährung liest, sammelst Du Information. Wenn Du Ernährungsexperimente machst, sammelst Du Wissen.

Kinder streben nach Wissen, nicht nach Information. Daher stellen sie in ihrer Erforschung der Welt die meisten Fragen stumm. Wenn sie einmal laut fragen, fragen sie nach, weil Information sie nicht wirklich befriedigt.

Geistiges Wachstum hat keine Grenzen. Es gibt keine Grenze dafür, wie viele Sprachen Du sprechen kannst oder wie viel Du erinnern, verstehen oder wissen kannst. Daher bringt geistiges Wachstum *immer* Ergebnisse. Daher erfüllt Dich geistiges Wachstum *immer*.

Geistiges Wachstum wird durch einen berühmten Ausspruch des griechischen Philosophen und Mathematikers Archimedes ausgedrückt:

Heureka!
(Archimedes)

Dieses Wort bedeutet: *„Ich habe (es) gefunden!"*

Es ist überliefert, dass Archimedes ein Bad genommen und dabei das später nach ihm benannte ‚Archimedische Prinzip' entdeckt hat.[28] Vor lauter Freude ist er aus der Badewanne gestiegen und laut *„Heureka!"* rufend durch die Stadt gelaufen. Er war so euphorisch, das ihm entgangen ist, dass er unbekleidet war.

---

[28] Das Archimedische Prinzip lautet: *„Der statische Auftrieb eines Körpers in einem Medium ist so groß wie die Gewichtskraft des vom Körper verdrängten Mediums."* Praktisch heißt das, dass ein Körper, der schwerer als Wasser ist, im Wasser untergeht, während einer, der leichter als Wasser ist, im Wasser schwimmt.

Die wahre Natur eines Menschen ist, Heureka!-Momente in sein Leben einzuladen. Kinder tun das ohne Unterlass. Die Geschichte von Archimedes erinnert daran, wie unendlich befriedigend solche Momente in jedem Alter sind.

Übung 63: Welche Heureka!-Momente hast Du in Deinem Leben gehabt? In der Kindheit? In der Jugend? Die letzten zwei Jahre? Wie kannst Du wieder Heureka!-Momente in Dein Leben einladen?

*

Wir haben das Leben eines Kindes als Vorbild für ein erfüllendes Leben erkannt. Vielleicht sagst Du: Kinder haben ein leichtes Leben. Sie müssen sich nicht um die Erfüllung ihrer biologischen Bedürfnisse kümmern. Ihre Eltern tun das für sie. Daher haben Kinder alle Zeit der Welt zum Forschen und Wachsen. Erwachsene müssen sich selbst um die Erfüllung ihrer biologischen Bedürfnisse kümmern, daher haben sie weniger oder keine Zeit für das Forschen und Wachsen.

Ginge es nur um die Erfüllung der biologischen Bedürfnisse, bliebe in einer lebensfreundlichen Umgebung immer noch genug Zeit für das Forschen und Wachsen. Doch ist unsere Gesellschaft der menschlichen Box müssen wir übermäßig viel arbeiten, um unsere biologischen Bedürfnisse zu erfüllen. Außerdem lernen wir zahlreiche mentale Bedürfnisse, deren Erfüllung viel Zeit in Anspruch nimmt. Ich komme im Kapitel „Sackgasse" darauf zurück.

*

Wachsen ist die Hauptbeschäftigung von Kindern. Was ist die Hauptbeschäftigung von Erwachsenen?

Jede Deiner Handlungen gehört zu einer von zwei Kategorien:

o   entweder Du tust etwas, das Du zuvor schon getan hast (dh, Du folgst einem Programm),

o   oder Du tust etwas, das Du zuvor noch nicht getan hast.

Ersteres ist funktionieren, Letzteres ist wachsen.

o   Funktionieren ist langweilig. Aber es ist sicher.

o   Wachsen macht Freude. Aber es ist riskant.

Funktionieren bedeutet, ein Programm auszuführen.[29] Kinder wollen nicht funktionieren. Sie gehen Risiken ein, haben dabei jede Menge Spaß – und wachsen. Die meisten Erwachsenen scheuen Risiken. Sie

---

[29] Das Wort *funktionieren* stammt vom lateinischen Wort *fungi* (= *ausführen*).

haben gelernt, Wachstum gegen Sicherheit zu tauschen. Damit haben sie auch Spaß gegen Langeweile getauscht.

Indem Du die meiste Zeit funktionierst, wächst Du nicht mehr genug – und bleibst geistig hungrig.

> **Übung 64**: Finde Deinen geistigen Hunger. Grenze ihn vom physischen und vom sensomotorischen Hunger ab. Beschreibe Deinen geistigen Hunger. Wie ernährst Du Dich geistig?

Du hast von Deinen Eltern gelernt, Deinen geistigen Hunger mit Ersatzmethoden zu befriedigen zu *versuchen*. Diese Methoden sind von der Art *„ich will mehr"*; wie zB mehr Nahrung, mehr Geld, mehr Besitz, mehr Macht, mehr Sex usw. Doch diese Ersatzmethoden funktionieren nicht. Mehr Nahrung, mehr Geld, mehr Besitz, mehr Macht, mehr Sex usw befriedigt Dich bei Weitem nicht so wie das Wachsen, wie Du es als Kind erlebt hast.[30]

---

[30] Ich analysiere das in meinem Buch über die Neugier.

Es gibt nur einen Weg, um Deinen geistigen Hunger zu befriedigen: Du musst geistig wachsen. Da Du Dich anders verhalten *kannst*, als Deinen Programmen zu folgen, *kannst* Du wählen, nicht zu funktionieren, sondern zu wachsen. Dazu musst Du Komfortzonen verlassen. Dazu musst Du wählen, nicht wie üblich, sondern neu zu handeln. Manchmal tust Du das. Doch bei Weitem nicht oft genug.

> **Übung 65**: Erinnere Dich an Situationen, in denen Du etwas Neues gewählt hast; wie zB ein neues Lied auf dem Klavier spielen lernen, eine neue Fremdsprache erlernen, die Bedienung eines neuen Gerätes erlernen, etwas verstehen lernen usw. Wie war das, wenn Du dann mehr konntest oder wusstest? Wie oft ist das in Deiner Kindheit geschehen? Wie oft in Deiner Jugend? Wie oft in den letzten zwei Jahren?

*

Scheitern ist ein wesentlicher Teil des Wachsens. Stell Dir ein Kind vor, das Gehen lernt. Es fällt immer wieder hin. Es scheitert wieder und wieder ... bis es eines Tages nicht mehr scheitert und gehen kann. Jedes Scheitern war Teil seines Lernprozesses. Doch in der menschlichen Box lernen wir, dass Scheitern schlecht ist. Unser Schulsystem ist auf Scheitern fokussiert. Die Lehrkraft erwartet das Gelingen und bestraft ein Scheitern. Würden wir diese Methode bei einem Kleinkind anwenden, es würde weder Gehen noch Sprechen lernen.

Wer noch nie einen Fehler gemacht hat,
hat sich noch nie an etwas Neuem versucht.
(Albert Einstein)

*

Würdest Du Dich darauf einlassen, weiter und weiter zu wachsen, so wie Du das als Kind getan hast, wohin würde Dich das führen?

Potenzial und Zweck

Das *Potenzial* eines Lebewesens ergibt sich aus seinen Werkzeugen. Das Potenzial eines Vogels ist das Fliegen, denn er hat Flügel. Das Potenzial eines Fisches ist das Schwimmen, denn er hat Flossen.

Der *Zweck* eines Lebewesens ist, sein *volles* Potenzial zu leben. Das *volle* Potenzial ist das *volle* Spektrum an Verhalten, das ihm seine Werkzeuge ermöglichen. ZB ist das volle Potenzial eines Geparden, 120 km/h zu laufen.

In der Natur leben alle Lebewesen ihr volles Potenzial. Alle erwachsenen Geparden laufen 120 km/h. Es gibt keinen erwachsenen Geparden, der nur zB 60 km/h laufen kann. Gäbe es einen, würde er verhungern, weil er nichts mehr erbeuten könnte.

Dein Zweck als Mensch ist, Dein volles Potenzial zu leben. Das wirft die Frage auf: Was ist das volle Potenzial eines Menschen?

Wie bei allen Lebensformen ergibt sich das Potenzial eines Menschen aus seinen Werkzeugen. Wir haben drei. Zwei sind verbesserte Versionen von Werkzeugen, die auch alle anderen Affen haben: Hände und Stimme.

Die menschlichen Hände sind sehr effektive Greifwerkzeuge. Der lange Daumen der menschlichen Hand ist eine „Gegenhand" zu den Fingern. Zusammen ergeben sie eine Zange. Alle anderen Affen haben zwar auch Hände mit langen Fingern, doch sie haben kurze Daumen. Mit seinem kurzen Daumen kann ein Affe nur einfache Werkzeuge bedienen. Eine mechanische Uhr mit Lupe, Pinzette und feinsten Schraubenziehern zu reparieren, ist mit einer Affenhand unmöglich.

> **Übung 66**: Simuliere einen kurzen Daumen, indem Du versuchst, Alltagsarbeiten (wie zB Zähneputzen) ohne Verwendung des obersten Daumengliedes zu verrichten.

Die menschliche Stimme ist ein sehr effektives Klangerzeugungswerkzeug. Sie war die Basis für die Entwicklung menschlicher Wortsprachen. Diese konnten nur entstehen, weil die menschliche Stimme feinste Nuancierungen in Tonhöhe, Tonlänge und Lautstärke hervorbringen kann.

Das *eine* Werkzeug, das einen Menschen von allen anderen Lebensformen auf diesem Planeten unterscheidet, ist der Verstand. Er ist das Plus in der Formel ‚Mensch = Affe-Plus'. Der Verstand ist das Werkzeug, mit dem Du anders handeln kannst, als Deinen Programmen zu folgen. Mit ihm kannst Du Verhalten kreieren. Welches Potenzial ergibt sich daraus? Was bedeutet das praktisch?

Biologisch bist Du ein Affe. Daher bedeutet das zunächst einmal, dass Du das Affenverhalten transzendieren kannst. Sobald Du das getan hast, kannst Du wieder anders handeln und damit auch das neue Verhalten transzendieren. Und so weiter. Gleichgültig, bei welchem Verhalten Du gelandet bist, Du kannst wieder anders handeln und auch dieses Verhalten transzendieren.

Jedes Kind lebt so.

Ein Baby ist biologisch ein kleiner Affe und verhält sich als solcher. Doch weil es einen Verstand hat, transzendiert es sein Affenverhalten. Jeden Tag transzendiert ein Kind sein Verhalten vom Vortag. Tag für Tag wächst es, zunehmend geistig. Es wächst auf seine eigene Art, die verschieden ist von der Art, wie ein anderes Kind Tag für Tag wächst.

Was wäre, wenn es immer so weiterwachsen würde? Wir wissen es nicht, weil es niemand tut. Es tut niemand, weil wir in die Limitationen der menschlichen Box hineinwachsen, indem wir die Lebensweise unserer Eltern und der anderen Menschen in unserer Umgebung kopieren. Denke an die ANDERE Geschichte vom Adler im Hühnerstall.

Doch die menschliche Box hat einen Ausgang. Der Ausgang ist Deine Fähigkeit, anders zu handeln, als Deinen Programmen zu folgen. Daher *kannst* Du aus der menschlichen Box aussteigen. Die Frage ist: Tust Du es? Handelst Du anders, als Deinen Programmen zu folgen? Verlässt Du Deine Komfortzonen? Erinnere Dich an das Gedankenexperiment mit den 100 Affen und den 100 Frühmenschen.

Ein Vogel hat Flügel. Daher *kann* er fliegen. Er könnte diese Fähigkeit aber auch nicht nutzen und zu Fuß gehen. Es gibt Vögel, die das getan haben. Dadurch sind ihre Flügel im Verlauf der Entwicklung ihrer Spezies degeneriert, sodass sie sie heute nur mehr für sehr kurze Flüge oder gar nicht einsetzen können – Beispiele sind Hühner und Strauße.

Du hast einen Verstand. Daher kannst Du Tag für Tag über Dich hinauswachsen. Tust Du das?

Als Kind hast Du es getan. Du bist jeden Tag über Dich hinausgewachsen. Doch Du hast damit aufgehört, weil Deine Eltern es auch nicht getan haben bzw tun – und Du sie kopiert hast.

Wohin kannst Du wachsen? Was ist Dein Zweck? Was ist Dein *volles* Potenzial? Was ist das volle Spektrum an Verhalten, das Dir möglich ist?

Physische Werkzeuge haben physikalische Grenzen. Für die Läuferbeine eines Geparden sind 120 km/h eine physikalische Grenze. Für eine Eiche sind 35 m Höhe eine physikalische Grenze. Der Verstand ist ein geistiges Werkzeug. Er hat keine Grenzen. Seine Funktion ist das Denken – und Denken ist grenzenlos. Daher ist Dein volles Potenzial die Grenzenlosigkeit.

Dein Zweck als Mensch ist, grenzenlos zu wachsen.

Dein Zweck als Mensch ist Grenzenlosigkeit.

Misstrauen

Einem Menschen zu vertrauen bedeutet, anzunehmen, dass er wahrhaftig (ehrlich) handelt.[31] Einem Menschen zu misstrauen bedeutet, damit zu rechnen, dass er unwahrhaftig (unehrlich) handelt.

Gibt es in der Natur Vertrauen und Misstrauen?

Alle nichtmenschlichen Lebensformen folgen ihren Verhaltensprogrammen. Da sie nicht anders handeln *können*, ist ihr Verhalten wahrhaftig. Daher gibt es in der Natur kein unwahrhaftiges Verhalten. Daher gibt es in der Natur nur Vertrauen. ZB vertraut eine Gazelle darauf, dass ein Löwe sie töten und fressen möchte. Daher läuft sie vor ihm davon.

Bei unseren engsten biologischen Verwandten finden wir ein Verhalten, das wie Misstrauen *aussieht* – ohne Misstrauen zu sein.

Wir gehören zur Familie der Menschenaffen (*Hominiden*), zu denen auch Orang-Utans, Gorillas, Bonobos und Schimpansen zählen. Vor etwa 14 Millionen Jahren hat sich aus einem Ur-Hominiden der Orang-Utan entwickelt, vor etwa 10 Millionen Jahren der Gorilla, vor etwa 6 Millionen Jahren der Mensch und vor etwa 2,5 Millionen Jahren entstanden der Bonobo und der Schimpanse.[32]

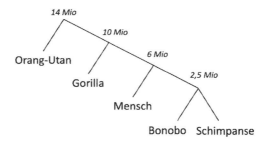

---

[31] Das Wort *vertrauen* hat die PIE Wurzel *deru- (= *hart, fest*). Das ist auch die Wurzel des englischen Wortes *true* (= *wahr*).

[32] R Wrangham, D Peterson: *Demonic Males*. Bloomsbury. London. 1997.

Mit Orang-Utans haben wir 96,9 % genetische Übereinstimmung, mit Gorillas 98,4 %, mit Bonobos und Schimpansen je 98,7 %. Letztere sind unsere nächsten Verwandten. Menschen, Bonobos und Schimpansen haben einen gemeinsamen Vorfahren, der vor etwa sechs Millionen Jahren gelebt hat. Da die beiden nach uns entstanden sind, tragen wir gewissermaßen sowohl einen potenziellen Bonobo als auch einen potenziellen Schimpansen in uns.

Bonobos und Schimpansen haben eine genetische Übereinstimmung von 99,6 %. Während sie sich anatomisch sehr ähnlich sind, sind sie im Sozialverhalten grundverschieden. Zeigt man einem Schimpansen das Bild eines fremden Schimpansen oder spielt ihm die Stimme eines fremden Schimpansen vor, hat er physiologische Symptome von Distress. Er fühlt sich bedroht. (Ein fremder Schimpanse ist einer, der nicht zum eigenen Clans gehört.) Zeigt man einem Bonobo das Bild eines fremden Bonobos oder spielt ihm die Stimme eines fremden Bonobos vor, hat er physiologische Symptome von Eustress. Er freut sich. Mit anderen Worten: Schimpansen sind fremdenfeindlich, Bonobos sind fremdenfreundlich. Fremdenfeindliches Verhalten ähnelt misstrauischem Verhalten.

Das folgende Experiment spricht Bände:[33] Ein Käfig ist durch ein Gitter in zwei Hälften geteilt. Im Gitter ist eine Tür, die nur von einer Seite geöffnet werden kann. In jeder Hälfte sitzt ein Schimpanse, die Tür ist geschlossen. Der Schimpanse, der die Tür öffnen könnte, erhält Futter. Er frisst, ohne die Tür zu öffnen. Führt man dasselbe Experiment mit zwei Bonobos durch, wird der Bonobo, der Futter erhält, die Tür öffnen, um den anderen Bonobo zu sich hereinzulassen. Dann fressen sie gemeinsam.

Schimpansen sind eine der brutalsten Tierarten. Sie morden und vergewaltigen. Gruppen von Schimpansen dringen in die Reviere benachbarter Schimpansen-Clans ein und überfallen und töten kleinere Gruppen oder Einzeltiere. Das ist Ausdruck ihrer Fremdenfeindlichkeit. Für sie geht es um „töten oder getötet werden". Sex bei Schimpansen ist entweder eine Vergewaltigung oder Prostitution. ZB bietet sich ein Weibchen einem Männchen, das Futter hat, an, um nach dem Sex Futter zu erhalten. Bonobos sind friedlich. Sex spielt in ihrem

---

[33] Vanessa Woods: *Bonobo Handshake*. Gotham Books, New York. 2010.

Sozialleben eine große Rolle. Er dient dem Spannungsabbau und dem Schmieden von Allianzen.

Schimpansen sind patriarchalisch und streng hierarchisch organisiert. Bonobos sind matriarchalisch und kooperativ organisiert.

Klingelt da etwas bei Dir? Unsere Gesellschaft der menschlichen Box ist eine Schimpansengesellschaft, nur noch brutaler und noch tödlicher.[34] Man könnte sagen: Schimpansen verhalten sich wie Menschen. Doch es ist anders herum. Wir Menschen verhalten uns wie Schimpansen. Wir haben die Verhaltensweisen der Schimpansen verfeinert und technologisiert. Unsere Kreativität haben wir genutzt, um noch grausamer zu sein. Wir haben zB Tötungswerkzeuge, Folter, das Sklaventum und den Kindesmissbrauch erfunden. Schimpansen können nicht anders handeln, denn sie folgen ihrer Natur. Wir Menschen *könnten* anders handeln, tun es aber meist nicht.

Doch wir sind mit dieser Lebensweise nicht zufrieden. Das zeigt, dass die Schimpansennatur *nicht* unsere wahre Natur ist. Wir sehnen uns nach einem Leben wie dem der Bonobos. Wir sehnen uns danach, vertrauen zu können. Doch da wir einander misstrauen, sind wir unweigerlich bei der Lebensweise der Schimpansen gelandet. (Mehr dazu im Kapitel „Sackgasse".)

Warum und wie ist das Misstrauen entstanden?

Machen wir ein Gedankenexperiment. Stell Dir zwei frühe Menschen vor, die sich von Früchten, Nüssen und Fleisch ernähren. Sie gehen eine Partnerschaft ein, um bei der Nahrungssuche zusammenzuarbeiten. Frühmensch A ist kräftiger, daher geht er auf die Jagd, während Frühmensch B Früchte und Nüsse sammelt. Am Abend treffen sie sich, um zu teilen und zu essen.

---

[34] Der Film *„Ngogo – Königreich der Affen"* ist eine beeindruckende Dokumentation über Schimpansen. Er zeigt, wie Schimpansenmännchen ausschließlich für Dominanz und Status leben, wie sie Allianzen schmieden, Politik betreiben und Kriege führen.

B bringt jeden Abend Nahrung zum Treffpunkt, denn Früchte und Nüsse findet er immer. A bringt nicht jeden Abend Nahrung, denn manchmal bleibt die Jagd erfolglos.

Die Partnerschaft bringt beiden Vorteile. Hat A Jagdglück, bekommt B Fleisch, ohne dass er selbst jagen musste. Hat A kein Jagdglück, bekommt er trotzdem Nahrung.

Eines Tages hat A eine Idee. Statt zu jagen, gönnt er sich einen freien Tag. Das verstößt gegen die Partnerschaftsvereinbarung, daher darf B das nicht wissen. Am Abend sagt A, dass er heute kein Jagdglück gehabt hat. Er hat damit die Lüge und den Missbrauch erfunden, denn mit dieser Lüge missbraucht er das Vertrauen und den Arbeitseinsatz von B.

Weil sich die Lüge für A ausgezahlt hat, macht er das von nun an öfter. Doch eines Tages stolpert B auf der Nahrungssuche über A, wie dieser gerade faulenzt. Es kommt zum ersten Partnerschaftsstreit in der Geschichte der Menschheit. B misstraut A von nun an.

So oder ähnlich könnten vor langer Zeit die Lüge, der Missbrauch und das Misstrauen entstanden sein. Weil der Mensch *anders* handeln kann, als seinen Programmen zu folgen, kann er lügen und missbrauchen.

> **Übung 67**: Betrachte die vergangenen 24 Stunden. Bei welchen Gelegenheiten hast Du gelogen? (Das können kleine Lügen gewesen sein. Wenn Du zB gefragt wirst, ob es Dir gut geht und Du sagst *„ja"*, obwohl es Dir schlecht geht, ist das eine Lüge.) Bei welchen Gelegenheiten weißt oder vermutest Du, dass Du belogen wurdest?

Das Entstehen von Misstrauen kannst Du bei Kindern beobachten.

Ein Kind beginnt sein Leben als kleiner Affe. Es kann nicht anders, als seinen Programmen zu folgen. Es ist wahrhaftig (ehrlich) und vertraut. Während es aufwächst, lernt es, seinen Verstand zu nutzen. Es verhält sich zunehmend anders als ein Affe. Es wird zum *Homo sapiens*.

Weil das Kind nun anders handeln *kann*, als seinen Programmen zu folgen, *kann* es etwas anderes tun, als ehrlich zu sein. Es *kann* lügen. Eines Tages entdeckt es die Lüge. Es spielt mit ihr, wie es mit allem spielt. Es erforscht, was es mit einer Lüge tun kann. Es erlebt, dass eine Lüge nützlich sein kann. Es lernt, die Lüge als Werkzeug zu nutzen. Es erlebt, belogen zu werden. Es lernt das Misstrauen. Zusätzlich lernt es das Misstrauen auch von seinen Eltern, weil es sie kopiert.

*

Lügen sind nur ein Grund, warum Misstrauen zwischen Menschen gerechtfertigt ist. Eine Lüge ist eine vorsätzliche Unwahrheit. Doch es gibt auch nichtvorsätzliche Unwahrheiten. Sie entstehen durch die menschliche Box. Indem die Menschen ihren Programmen folgen, handeln sie meist unwahrhaftig. Ein Kind zB zeigt seine Bedürfnisse. Doch es lernt, manche seiner Bedürfnisse nicht mehr zu zeigen. Es lernt, andere zu täuschen, zu manipulieren und zu missbrauchen, damit es seine Bedürfnisse auf Umwegen erfüllen kann.

> **Übung 68**: Erlebst Du unerfüllte Bedürfnisse? Was tust Du, um sie zu erfüllen (zu versuchen)?

Biologische Bedürfnisse *müssen* erfüllt werden, denn dabei geht es um das Überleben. Ein Mensch, dessen biologische Bedürfnisse nicht erfüllt sind, ist in Gefahr. Mentale Bedürfnisse gefährden zwar nicht das physische Überleben, doch wir erleben sie, als wären sie biologische Bedürfnisse. Daher *fühlt* sich ein Mensch, dessen mentale Bedürfnisse nicht erfüllt sind, ebenfalls gefährdet (obwohl er es nicht ist).

Ein Mensch, der sich gefährdet fühlt, ist gefährlich. Er wird versuchen, etwas zu tun, um die Gefahr zu beenden. Wenn Du einem Menschen begegnest, siehst Du nicht, ob er unerfüllte Bedürfnisse hat. Du siehst nicht, welchen Plan er mit seinem Verhalten verfolgt. Daher tust Du gut daran, ihm zu misstrauen.

Doch wir sehnen uns danach, vertrauen zu können. Die Suche nach dem, was in der menschlichen Box ‚Liebe' genannt wird, ist der Versuch, jemanden zu finden, dem man vertrauen kann. Allerdings kann das in der menschlichen Box nicht gelingen. Die Menschen handeln manchmal wissentlich, meist unwissentlich unwahrhaftig. Daher wird jedes Vertrauen mit an Sicherheit grenzender Wahrscheinlichkeit früher oder später enttäuscht. Echtes Vertrauen ist nur außerhalb der menschlichen Box möglich. Mehr dazu im Kapitel „Sackgasse".

> **Übung 69**: Betrachte Deine bisherigen Partnerschaften. Wie weit hast Du Deinen Partnern vertraut? War Dein Vertrauen gerechtfertigt? Wie weit haben Deine Partner Dir vertraut? War ihr Vertrauen in Dich gerechtfertigt?

*

Die menschliche Box erzeugt unwahrhaftiges Verhalten. Da wir lügen und oft unwahrhaftig handeln, misstrauen wir einander. Da wir einander misstrauen, brauchen wir Regeln und Verträge, um zusammenarbeiten zu können. Neue Regeln machen die menschliche Box noch enger. Das ist ein Teufelskreis.

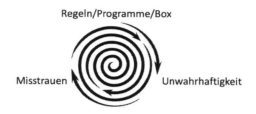

Das führt zu einer ständigen Zunahme von unwahrhaftigem Handeln – und damit zu einer ständigen Zunahme von Misstrauen.

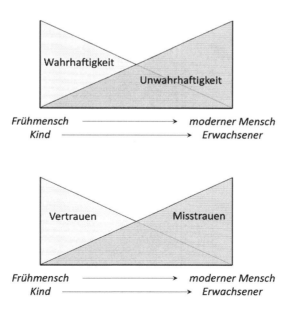

*

Während wir einander individuell immer mehr misstrauen, vertrauen immer mehr Menschen gewissen Personengruppen wie Ärzten, Journalisten und Politikern, ohne deren Handeln in Fragen zu stellen. Das ist nicht natürliches, wahrhaftiges Vertrauen, sondern das Ergebnis von Programmen. Mehr dazu im Kapitel „Sackgasse".

Freiheit

Übung 70: Was verstehst Du unter Freiheit?

Was ist Freiheit? Die wahrscheinlich häufigste Antwort ist: *„Ich bin frei, wenn ich tun (machen) kann, was ich will."* Diese Definition setzt Freiheit mit Macht gleich: Je mehr Macht Du hast, desto mehr kannst Du machen, was Du willst, dh desto freier bist Du. Also brauchst Du Macht, um in diesem Sinn frei zu sein. Damit wird die Suche nach Freiheit zur Suche nach Macht.

Übung 71: Welche Arten von Macht hast Du? Wie fühlt es sich an, diese Arten von Macht zu haben?

Macht kann physische Kraft sein; oder Geld; oder eine Position mit Befehlsgewalt über andere. Doch nichts davon ist befriedigend. Wäre zB der Besitz von viel Geld be-*fried*-igend, müssten reiche Menschen zu-*fried*-en sein. Das sind sie aber nicht. Außerdem ist unser Lebenszweck nicht Friede, sondern grenzenloses Wachstum.

Weil Machthaben nicht befriedigt, versuchen die Menschen, Befriedigung durch *Ausüben* von Macht zu erhalten.

Übung 72: Wann übst Du wie jene Arten von Macht aus, die Du in Übung 71 gefunden hast?

Ein typisches Beispiel ist, einkaufen zu gehen um des Einkaufens willen.

„Ich kann machen, was ich will. Ich will diese Jacke. Also kaufe ich sie."
Was ist die echte Motivation des Kaufs? *Brauchst* Du die Jacke, zB weil es kalt ist und Du keine Jacke hast, oder *willst* Du die Jacke, obwohl Du bereits mehrere Jacken besitzt – und der Moment des Kaufens

befriedigend ist? Um den Kommissar in Dir zu überlisten, konstruiert der Verbrecher in Dir ein Brauchen der Jacke mit Argumenten wie: *„Meine Jacke ist schon viel zu alt, ich brauche eine neue."*

Es ist ein Balanceakt, hier die Wahrheit zu finden, denn es kann wahrhaftig sein, eine neue Jacke zu kaufen, obwohl Du schon eine hast.

> **Übung 73**: Erinnere Dich an einen Einkauf, der nicht sein musste. Finde darin den befriedigenden Moment der Machtausübung.

Allerdings erhältst Du vom *Ausüben* von Macht nicht genug Befriedigung. Einkaufen befriedigt nur während des Einkaufens und danach noch kurz, zB wenn Du Dich zuhause an der gekauften Ware erfreust oder sie das erste Mal benutzt. Also übst Du Deine Macht wiederholt aus, um dadurch wiederholt kleine Portionen flüchtiger Befriedigung zu erhalten. Die wahre Sehnsucht in Dir wird dabei aber nicht befriedigt. Also geht die Suche nach Befriedigung weiter. Dafür brauchst Du weitere Machtmittel. Um zB immer wieder einkaufen gehen zu können, musst Du genug Geld besitzen oder verdienen.

Daher bist Du durch diesen Freiheitsbegriff in einer Schleife gefangen, in der Du permanent nach Macht strebst, Macht erwirbst und Macht ausübst. In einer Schleife gefangen zu sein, ist aber Unfreiheit.

*

Ein weiteres Dilemma mit diesem Freiheitsbegriff ist, dass Du Deine Macht – und damit diese Art von Freiheit – jederzeit verlieren kannst. Wenn Du zB Machtmittel in Form von Geld hast, kann Dir die Regierung diese Macht jederzeit durch eine Geldentwertung nehmen.

*

Anfang des zwanzigsten Jahrhunderts propagiert der Okkultist Aleister Crowley das *Ausüben* von Macht. Er gründete eine Religion/Philosophie mit dem Titel *Thelema*. Das ist das altgriechische Wort für *Wille*. Er formulierte dafür eine einzige Regel: *„Tu was Du willst soll sein das einzige Gesetz."*

Künstler machten und machen Crowley's Gedankengut populär. Sein Porträt oder sein Name finden sich auf den Plattencovern populärer Musiker und Musikgruppen, wie den Beatles und Michael Jackson. Obiges „Gesetz" ist teilweise oder ganz in Liedtexten enthalten. Die Menschen hören sich diese Lieder wiederholt an und sehen die dazugehörigen Bilder wiederholt. Wiederholung erzeugt Programme. Wenn Du wiederholt hörst und siehst, dass Du tun sollst, was Du willst, wird das zu Deinem Lebensmotto. Massen von Menschen wurden und werden programmiert, zu tun, was sie wollen. Alle streben nach jener Macht, die sie brauchen, um machen zu können, was sie wollen; die meisten Streben nach Macht in Form von Geld.

Was wollen die Menschen? Wir haben bereits erkannt, dass unser Wollen fast ausschließlich von unseren Programmen kommt. Wir wollen, was wir zu wollen *gelernt* haben. Schauen wir uns das genau an:

o   Du bist programmiert, dass Freiheit darin besteht, tun zu können, was Du willst.

o   Du bist programmiert, zu tun, was Du willst.

o   Du bist und wirst programmiert, dieses und jenes zu wollen, wie zB Kaffee am Morgen, einen Partner, der soundso ist, Kinder, ein Haus, die Partei XYZ in der Regierung, ein Auto der Marke ABC usw.

Das Ergebnis ist:

Du setzt Deine ganze Kraft dafür ein, das zu tun,
was tun zu wollen Du gelernt hast (programmiert wurdest).

Damit bist Du ein Sklave derer, die uns programmieren. Das sind in erster Linie die Medien – bzw diejenigen, die die Medien kontrollieren.

*

Wenn Du etwas willst, ist jeder, der einer Erfüllung Deines Wunsches im Weg steht, ein Hindernis.

Stell Dir einen Baum vor, der seinen Schatten auf ein Haus mit zwei Wohnungen wirft. Der Bewohner der einen Wohnung schätzt den Schatten, der Bewohner der anderen Wohnung hätte lieber den Sonnenschein. Daher möchte der eine den Baum behalten, der andere möchte ihn fällen. Es kommt zu einem Machtkampf.

Früher wurden Machtkämpfe mit der Faust ausgetragen. Heute gibt es dafür zwar unblutige Methoden wie die Demokratie oder Geld, doch es bleiben Machtkämpfe.

> **Übung 74**: Welche Machtkämpfe gibt es in Deinem Leben? Erforsche das für jede Art von Macht, die Du in Übung 71 gefunden hast.

Sind Machtkämpfe natürlich?

Auch im Tierreich gibt es Machtkämpfe. Dabei geht es um ein Revier, um Nahrung, um Rangordnung oder um ein Weibchen. Kämpfe zwischen Raub- und Beutetieren sind keine Machtkämpfe. Sie sind Überlebenskämpfe – und zwar für beide. Führen zwei Tiere einen Machtkampf aus, gibt es einen Sieger und einen Verlierer. Gesteht der Verlierer seine Niederlage mit einer Unterwürfigkeitsgeste ein, akzeptiert der Sieger das und der Kampf ist vorbei.

Angenommen, Du und ich haben einen Machtkampf, den wir als Faustkampf austragen. Während des Kampfes erkenne ich, dass Du stärker bist. Ich sage, dass ich aufgebe. Was machst Du?

Dein Problem ist, dass Du mir nicht vertrauen kannst. Tiere sind ehrlich. Eine Unterwürfigkeitsgeste ist ehrlich. Sie beendet einen Kampf und meistens geht das Leben für beide weiter. Eine menschliche Unterwürfigkeitsgeste kann eine Lüge sein.

Zurück zu unserem fiktiven Faustkampf, bei dem ich sage, dass ich aufgebe. Sobald Du mir den Rücken zukehrst, könnte ich ein Messer zücken und Dich töten. Meine Aufgabe könnte ein Trick gewesen sein. Daher noch einmal gefragt: Was machst Du, nachdem ich gesagt habe, dass ich aufgebe?

Als Sieger des Kampfes musst Du dafür sorgen, dass ich keine Gefahr mehr für Dich bin. Du hast zwei Optionen: Entweder Du tötest mich oder Du versklavst mich.

Ursprünglich bedeutet Versklavung, dass ein Mensch zum Besitz eines anderen Menschen wird. Verallgemeinert bedeutet es ‚Abhängigmachen'. Wenn Du mich von Dir abhängig machst, kannst Du mich kontrollieren. Der Vorteil einer Versklavung ist, dass Du mich für Dich arbeiten lassen kannst. Der Nachteil ist, dass Du mich in der Versklavung/Abhängigkeit halten musst. Also wirst Du eine Kosten-Nutzen-Rechnung anstellen. Eine Versklavung muss sich für Dich rechnen.

*

Menschen haben viele Arten von Machtkämpfen erfunden; grobe wie subtile. Wer ist physisch stärker? Wer hat mehr Geld? Wer hat mehr Unterstützer? Wer weiß mehr? Und so weiter.

Es gibt auch Machtkämpfe, die unentschieden ausgehen können, dh bei denen es weder Sieger noch Verlierer gibt. Tauschgeschäfte sind von dieser Art. Das Wort *tauschen* ist verwandt mit dem Wort *täuschen*. Beide Worte stammen vom mittelhochdeutschen Wort *tiuschen* (= *unwahr reden, betrügen*). Wenn zwei Menschen etwas tauschen, haben beide die folgende Agenda: *„Ich gebe Dir so wenig wie möglich und möchte von Dir so viel wie möglich."* Wer verhandelt geschickter oder ist in der günstigeren Position? Tauschgeschäfte sind Machtkämpfe.

Hier ist ein Beispiel für ungleiche Positionen: Person A hat ein Kilogramm Pfirsiche, Person B hat drei Euro. Die Pfirsiche verlieren mit der Zeit an Wert, weil sie verfaulen. Das Geld hingegen behält seinen Wert oder wird, im Fall positiver Zinsen, sogar mehr wert. Damit ist der Geldbesitzer gegenüber dem Pfirsichbesitzer im Vorteil.[35]

Fast alle Tauschgeschäfte auf diesem Planeten sind tatsächlich Täuschgeschäfte. Sie sind Machtkämpfe, bei denen jeder versucht, möglichst gut auszusteigen.

---

[35] Wollen Personen A und B Waren tauschen, können sie das tun, indem sie sich treffen. Wenn aber A Ware von B will, B Ware von C und C Ware von A, ist das mühsam zu organisieren. Geld soll Abhilfe schaffen: Angenommen, A hat Geld. A nimmt die Ware von B und gibt B das Geld. B nimmt die Ware von C und gibt C das Geld. C nimmt die Ware von A und gibt A das Geld. Damit hat jeder, was er wollte und das Geld ist wieder dort, wo es anfangs war.
  Ein positives Zinssystem hat einen unguten Effekt. Es führt dazu, dass Zinsen in die Preise aller Waren und Leistungen eingerechnet werden müssen. Wenn ich als Unternehmer einen Kredit aufnehme, um mein Unternehmen zu finanzieren, muss ich die Finanzierungskosten in die Preise meiner Produkte oder Dienstleistungen einkalkulieren. Wenn Du etwas von mir kaufst, musst Du für die Zinsen bezahlen, die ich zahle. Allgemein bekommst Du nicht nur Zinsen für Deine Bankguthaben, Du bezahlst Zinsen für alles, was Du kaufst. Bei Wohnraum macht der Zinsanteil der Preise über 70 % aus. In Summe zahlst Du mehr an Zinsen, als Du für Deine Guthaben erhältst. Superreiche Menschen erhalten mehr Zinsen, als sie bezahlen. Mit anderen Worten, durch positive Zinsen geschieht ein ständiger Wertefluss von Arm zu Reich.

Übung 75 (Falls Du in einer Partnerschaft bist): Was hast Du von der Partnerschaft? Was hat Dein Partner von der Partnerschaft? Welche Tauschgeschäfte gibt es zwischen Euch?

So gut wie jede Partnerschaft ist ein Tauschgeschäft. Da jedes Tauschgeschäft ein Machtkampf ist, ist so gut wie jede Partnerschaft ein mehr oder weniger subtiler Machtkampf.

*

Gibt es eine Freiheit, die nicht von Machtmitteln und auch nicht von anderen Menschen oder Institutionen abhängt?

Ja. Es ist das Freisein von seinen Programmen. Es ist das, worum es in diesem Buch geht.

Sackgasse

Warum sind wir in einer schimpansenartigen Gesellschaft gelandet, wenn wir uns doch nach einem Leben wie bei den Bonobos sehnen? Ist bei der Entwicklung der menschlichen Box etwas schiefgelaufen?

Nein. Sie konnte nur so entstehen, weil wir einander misstrauen. Das Misstrauen wiederum ist unvermeidlich, weil wir lügen können und es auch tun – und weil wir wegen der menschlichen Box oft unwahrhaftig handeln. Programme, Unwahrhaftigkeit und Misstrauen verstärken sich gegenseitig. Zur Erinnerung eine Grafik aus dem Kapitel „Misstrauen":

Da wir einander misstrauen, wäre es am besten, einander aus dem Weg zu gehen. Doch da wir soziale Wesen sind, suchen wir die Gemeinschaft und die Zusammenarbeit. Außerdem ist unsere Gesellschaft im Rahmen der menschlichen Box so organisiert, dass wir zur Erfüllung unserer biologischen Bedürfnisse andere Menschen brauchen. Doch Misstrauen macht Zusammenarbeit kompliziert.

Schauen wir uns die Zusammenarbeit bei Schimpansen an. In einem Schimpansen-Clan gilt zwischen den Männchen eine streng hierarchische Ordnung. Die Positionen werden durch Rangordnungskämpfe bestimmt. Zwischen manchen Männchen gibt es Allianzen (Freundschaften). Freunde putzen sich gegenseitig, teilen die Nahrung und unterstützen einander bei Rangordnungskämpfen. Das sind Tauschgeschäfte. Jeder gibt, jeder nimmt, jeder vertraut.

Menschliche Tauschgeschäfte sind Machtkämpfe. Jeder will so viel wie möglich bekommen und so wenig wie möglich geben. Wir misstrauen einander. Daher brauchen wir Regeln, zB in Form von Verträgen. Je mehr wir misstrauen, desto detaillierter müssen die Verträge sein. Außerdem führen menschliche Machtkämpfe zu einer Versklavung des Unterlegenen. Wer verhandelt geschickter? Versklavungen können sich zB in Vertragsklauseln verstecken.

Versklavung ist eine hierarchische Struktur. Da Männchen kräftiger sind als Weibchen, sind Männchen in einer hierarchischen Struktur über den Weibchen. Das nennt man Patriarchat. In Summe ergibt das eine patriarchalisch-hierarchische Gesellschaft – eine Schimpansengesellschaft.[36]

Der Unterschied zwischen uns und den Schimpansen ist: Eine Schimpansengesellschaft funktioniert, weil sie natürlich und daher wahrhaftig ist. Die menschliche Schimpansengesellschaft funktioniert nicht, weil die Hierarchie erzwungen und daher unwahrhaftig ist. Sie ist erzwungen, weil sie auf Versklavung basiert.

Eine Szene aus dem Film *„Ngogo – Königreich der Affen"* veranschaulicht den Unterschied zwischen Schimpansen und uns: Nummer 2 und Nummer 3 in der Hierarchie des porträtierten Schimpansen-Clans sind Freunde. Eines Tages fordert Nummer 3 Nummer 2 zum Rangordnungskampf – und gewinnt. Damit haben die beiden in der Hierarchie die Plätze getauscht. Nach diesem Tausch waren sie nach wie vor Freunde. Sie haben sich gegenseitig geputzt und die Nahrung geteilt. So ein Verhalten wäre bei Menschen undenkbar.

*

Schauen wir uns an, wie ein Versklavungssystem entstehen kann. Wir setzen dabei das Gedankenexperiment mit den beiden Frühmenschen A und B aus dem Kapitel „Misstrauen" fort.

A und B leben gemeinsam in einem Territorium. Ein Territorium ist ein Gebiet, das alle Ressourcen bietet, die zum Überleben gebraucht

---

[36] Vor langer Zeit hat es auf diesem Planeten auch menschliche Matriarchate gegeben. Sie konnten in einem Umfeld des Vertrauens entstehen. Als das Misstrauen immer stärker wurde, sind fast alle Matriarchate von Patriarchaten verdrängt worden.

werden. Es ist gerade so groß, dass ein Tier bzw eine Tiergruppe darin überleben kann.

Eines Tages hat A eine Idee, die noch vorteilhafter ist als die Lüge. Er erklärt sich zum *Besitzer* des Territoriums und stellt B vor vollendete Tatsachen: Ab sofort muss B allein die Nahrung für beide besorgen – oder das Territorium verlassen. Da A kräftiger ist als B, muss B das akzeptieren. B könnte das Territorium verlassen und sich ein eigenes suchen. Doch es gibt keine freien Territorien mehr, denn überall haben die stärkeren Frühmenschen dieselbe Idee gehabt und umgesetzt. Daher bleibt B nur mehr die Wahl, für *wen* er künftig Nahrung sammeln muss.

Indem sich A zum Besitzer des Territoriums erklärt hat, wurde er auch zum Besitzer der darin enthaltenen Ressourcen. Frühmensch A hat nun Ressourcen im Überfluss: Er hat mehr Raum und mehr Nahrung, als er zum Überleben braucht. Indem er B zwingt, die Nahrung für beide zu sammeln im Tausch dafür, dass B im Territorium bleiben und einen Teil der Nahrung für sich nutzen darf, verkauft er B ein Nutzungsrecht am Territorium und Nahrung. B bezahlt, indem er arbeitet. Da B Raum und Nahrung zum Überleben *braucht*, muss er sich beugen – entweder im „Land" von A oder im Land eines anderen Landbesitzers. Damit ist B abhängig von A (oder einem anderen Frühmenschen). Mit anderen Worten, B ist sein Sklave. Frühmensch A hat den Landbesitz und damit auch den Ressourcenbesitz und den Menschenbesitz (das Sklaventum) erfunden.

Landbesitz ⟹ Ressourcenbesitz ⟹ Menschenbesitz

Diese Idee muss flächendeckend umgesetzt werden, damit es keine territorialen Schlupflöcher gibt.

Zunächst steht das Sklaventum noch auf wackeligen Beinen. Was passiert, wenn Sklaven sterben? Um das System zu erhalten, müssen sich die Sklaven fortpflanzen. Wenn es dann aber zu viele Sklaven gibt, könnten sie sich gegen die Besitzer erheben.

Eine Maßnahme zur Sicherung des Sklaventums ist, den Preis für die Aufenthaltserlaubnis und die Nahrung möglichst hoch zu halten. Sodann verbringen die Sklaven die meiste Zeit mit arbeiten. Und weil sie nach der Arbeit müde sind, kommen sie eher nicht auf die Idee, sich über ihre Situation Gedanken zu machen oder sich gar zu organisieren, um sich zu erheben. Eine weitere Maßnahme ist, Regeln aufzustellen, die die Sklaven befolgen müssen bzw an die sie gewöhnt werden und die sie schwach bleiben lassen bzw noch weiter schwächen. Dafür bieten sich an:

- Biologische Bedürfnisse manipulieren
- Natürliche Bedürfnisse tabuisieren oder dämonisieren
- Mentale Bedürfnisse erzeugen und ihre Erfüllung kontrollieren
- Wachstum behindern

Die Besitzer brauchen Wächter, um die Einhaltung der Regeln durchzusetzen. Dafür verwenden sie Wächter-Sklaven. Diese müssen kräftig sein, um die normalen Sklaven kontrollieren zu können. Doch die Besitzer müssen dafür sorgen, dass sich die Wächter-Sklaven nicht gegen sie erheben. Daher gibt es für die Wächter ein besonders ausgeklügeltes Belohnungssystem, das eine wirkungsvolle und leicht zu überwachende Abhängigkeit erzeugt.

Im Laufe der Zeit ist das Versklavungssystem immer leichter aufrechtzuerhalten. Die Nachkommen der Sklaven werden in das Sklaventum hineingeboren und wissen nicht, wie es ist, frei zu sein. Daher kommen sie kaum auf die Idee, ihre Situation zu hinterfragen oder verändern zu wollen. Sie werden programmiert, zu glauben, dass sie frei sind (mit dem machtbasierten Freiheitsbegriff). Sie werden außerdem programmiert, den Wächtern und anderen Gruppen von Menschen, die für den Erhalt des Systems wichtig sind, zu vertrauen. Und sie werden programmiert, immer leichter programmierbar zu werden.

Wir schauen uns mögliche Maßnahmen an, um Sklaven schwach zu halten oder noch weiter zu schwächen.

Biologische Bedürfnisse manipulieren

Nahrung ist ein zentrales biologisches Bedürfnis. Sie versorgt Dich mit Energie. Wenn Du Dich falsch, unzureichend oder schlecht ernährst, bedeutet das eine falsche, unzureichende oder schlechte Energieversorgung. Das schwächt Dich.

Maßnahmen zur Schwächung:

o Essenszeiten

Wenn Du isst, sobald Du hungrig bist, sagt Dir Dein Appetit, *was* Du essen sollst. Verschwindet der Hunger, hörst Du zu essen auf. Wenn Du Dich beim Essen aber nach der Uhr richtest, verlierst Du den Zugang zu Deinen beiden inneren Stimmen Hunger und Appetit. Dadurch könntest Du zu wenig, zu viel oder die falsche Nahrung essen.

o Diskreditieren natürlicher Nahrung

Natürliche Nahrung versorgt Dich mit dem, was Dein Körper braucht. Wird ein natürliches Nahrungsmittel als schlecht dargestellt, könntest Du es weniger oder nicht konsumieren oder durch künstliche Nahrungsmittel ersetzen. Das kann zu einer Unterversorgung mit lebenswichtigen Stoffen führen oder zu einer Belastung mit künstlichen Stoffen. [37]

o Künstliche Nahrungsmittel

Künstlich erzeugte Nahrungsmittel verwirren Dein Verdauungssystem. Das kann Deinen Körper schwächen oder schädigen. [38]

---

[37] Fette gehören zu den diskreditierten natürlichen Nahrungsmitteln. Olivenöl zB ist ein wertvolles natürliches Fett. In einem US-amerikanischen Supermarkt habe ich ein ‚fettfreies Olivenöl' gesehen (!). Der Inhalt der Flasche schaute aus wie Olivenöl, roch wie Olivenöl, schmeckte wie Olivenöl, war aber logischerweise nur eine künstlich erzeugte Substanz. Unser Körper kann Olivenöl verdauen, weil es natürlich ist. Mit einem Chemiecocktail kann er nichts anfangen.

[38] Ein klassisches Beispiel war die ‚Rinderwahnsinn' genannte tödliche Tierseuche. Diese Gehirnerkrankung von Rindern entstand, weil den Tieren, die sich natürlicherweise vegan ernähren, Fischmehl als Nahrung untergejubelt wurde. Das gelang, indem dem Futter künstliche Geschmacksstoffe und viel Flüssigkeit zugesetzt wurden, während man die Rinder vor der Fütterung hat durstig werden lassen.

Übung 76: Finde Beispiele für diskreditierte natürliche Nahrungsmittel sowie für künstliche Nahrungsmittel. Finde andere Bereiche, in denen biologische Bedürfnisse manipuliert werden.

Natürliche Bedürfnisse tabuisieren oder dämonisieren

Unsere biologischen Verwandten haben berührungsintensive Sozialleben. Das hat einen biologischen Zweck. Kuscheln (enger Körperkontakt von sich vertrauten Personen) erzeugt das Hormon Oxytocin, das blutdrucksenkend und angstlösend wirkt, Stress abbaut und die Gedächtnisleistung erhöht. Außerdem entsteht durch intime Körperkontakte das Glückshormon Dopamin. Berührungen, Intimität und Sex können die Gesundheit fördern.

Indem die Themen Berührung, Nacktheit, Intimität, Sex und Lust tabuisiert oder dämonisiert werden, schneidet man die Menschen von einer Kraftquelle ab und sie entwickeln ein gestörtes Verhältnis zum (eigenen und fremden) Körper. Das schwächt sie.

> **Übung 77**: Welche Rollen spielen Berührung, Nacktheit, Intimität, Sex und Lust in Deinem Leben? Welche Muster hatten Deine Eltern diesbezüglich? Was davon hast Du übernommen?

Kinder berühren natürlich. Doch das geht beim Aufwachsen verloren. Viele Kinder erleben ab einem gewissen Alter Berührungen von den Eltern nur noch bei Züchtigungen oder wenn sie krank oder traurig sind.

Wir akzeptieren Berührungen nur in der eigenen Familie bzw zwischen Partnern und Freunden. Einer fremden Person nahe zu kommen oder sie gar zu berühren, wird als unerwünschtes Eindringen in die Privatspähre betrachtet. Das ist sinnvoll, weil wir einander misstrauen. Je näher Dir ein Mensch kommt, desto weniger wirksam kannst Du Dich verteidigen, falls sich das als Angriff herausstellt. Berührst Du eine fremde Person versehentlich, bittest Du daher sofort um Verzeihung.

In anderen Kulturen ist oder war das anders. Ich habe dazu im Alter von 20 Jahren folgende Erfahrung gemacht: Ich hatte ein Computerprogramm für ein Stahlwerk in Nigeria entwickelt. Mein Arbeitgeber schickte mich für einen Monat in dieses Land, um die Software in Betrieb zu nehmen und die Einheimischen einzuschulen. Eines Tages beobachtete ich, wie zwei einheimische Männer händchenhaltend ein Gebäude entlanggingen. Ich fragte einen meiner lokalen Kontakte, ob diese beiden Männer homosexuell sind. Das wurde verneint. Man erklärte mir, dass Menschen sich gerne berühren, weil es gut tut.

> **Übung 78**: Wähle eine Person, mit der Du befreundet oder bekannt (aber nicht intim) bist. Haltet Euch für eine Minute an den Händen. Beobachte, was das mit Dir macht. Welche Gedanken kommen?

Mit Nacktheit wird in unserer Gesellschaft noch restriktiver umgegangen. Mit Ausnahme Deines Intimpartners soll Dich niemand nackt sehen und Du sollst auch niemand anderen als Deinen Intimpartner nackt sehen.

Sex und Lust sind am meisten tabuisiert. In der menschlichen Box haben wir eine Vorstellung von Intimität, Sex und Lust entwickelt, die sowohl von der romantischen Literatur als auch von der Pornoindustrie beeinflusst ist.[39]

> **Übung 79**: Welche Erfahrungen hast Du beim Aufwachsen mit Berührungen, Nacktheit, Intimität, Sex und Lust gemacht? Wie hat sich das im Laufe des Älterwerdens verändert?

Allerdings müssen wir Sex haben, weil wir Sklaven uns fortpflanzen müssen, damit das System erhalten bleibt. Daher sind Berührung, Intimität und Sex im engsten, für die Fortpflanzung erforderlichen Rahmen erlaubt: zwischen zwei verschiedengeschlechtlichen Menschen, die sich als Partner zusammengetan haben, um Kinder in die Welt zu setzen.

---

[39] Ich habe darüber in meinem Buch über die Neugier geschrieben.

Diese Art von Partnerschaft wird propagiert und gefördert. Alle anderen Arten von Partnerschaft werden tabuisiert oder dämonisiert.

Damit Intimität und Sex auf diesen kleinstmöglichen Bereich beschränkt bleiben, wird die sexuelle Monogamie eingeführt. Als Begriff ‚gegenseitige Treue' ist sie das Herzstück der Kontrolle und findet sich sogar in der Gesetzgebung: Hält sich ein Ehepartner nicht daran, kann er schuldhaft geschieden werden, woraus finanzielle Nachteile entstehen können. (Mehr zum Thema Monogamie im folgenden Abschnitt.)

> **Übung 80**: Reflektiere über Deine Einstellung zur Monogamie sowie über die Erfahrungen, die Du damit gemacht hast.

Mentale Bedürfnisse erzeugen und ihre Erfüllung kontrollieren

Das Bedürfnis, gesehen zu werden, ist das stärkste mentale Bedürfnis. Es erzeugt die Angst vor dem Alleinsein. Wenn Du allein bist, sieht Dich niemand.

Die Krux mit mentalen Bedürfnissen ist, dass ihre Erfüllung das Bedürfnis verstärkt. Das ist so, weil ein mentales Bedürfnis eine

Vertrautheit ist. Je mehr Du gesehen wirst, desto mehr bist Du damit vertraut, gesehen zu werden. Je mehr Du damit vertraut bist, gesehen zu werden, desto mehr willst Du gesehen werden. Schon wieder ein Teufelskreis!

Um dieses Bedürfnis zu erfüllen, brauchst Du Menschen, die Dich sehen.[40] Dafür gibt es eine klassische und eine neuzeitliche Methode:

o eine Partnerschaft,

o Technologie, die Menschen miteinander verbindet (zB Telefone und soziale Medien).

Eine Partnerschaft kann drei Zwecke erfüllen:

(1) Die Partner erfüllen sich gegenseitig das mentale Bedürfnis, gesehen zu werden.

(2) Die Partner unterstützen sich gegenseitig bei der Erfüllung der biologischen Bedürfnisse (wie zB Wohnraum und Nahrung).

(3) Die Partner erfüllen sich gegenseitig ein natürliches Bedürfnis nach Berührung und Intimität.

Das sind drei Tauschgeschäfte. Da Tauschgeschäfte in der menschlichen Box Machtkämpfe sind, sind das drei Machtmittel bzw potenzielle Kampffelder in einer Partnerschaft: Kommunikations- und Intimitätsverweigerung sind bewährte Mittel bei Partnerschaftsstreitigkeiten. Wer wann wie viel zum gemeinsamen Haushalt beigetragen hat, ist ein häufiger Streitpunkt. Kämpfe verbrauchen Energie und schwächen uns.

---

[40] Manche Menschen, die nicht ausreichend von anderen Menschen gesehen werden, legen sich als Ersatz ein Haustier zu.

Übung 81 (Falls Du in einer Partnerschaft lebst): Analysiere Deine Partnerschaft in Bezug auf diese drei Punkte.

Sind Partnerschaften natürlich?

Etwa 90 % aller Vögel und 5 % aller Säugetiere gehen Partnerschaften ein. Ihr biologischer Sinn ist das Erzeugen von Nachkommen, dh sie dienen einem Projekt. Unsere biologischen Verwandten, die Menschenaffen, gehören nicht zu dieser Gruppe von Tieren. Sie leben in Clans, die aus Männchen, Weibchen und Kindern bestehen. Ein Schimpansen-Clan zB besteht üblicherweise aus etwa 50 Tieren.

Bei Schimpansen kommen gelegentlich Partnerschaften wie folgt zustande: [41] Ein Schimpansenweibchen, das vergewaltigt wurde, bietet sich ihrem Vergewaltiger als Partnerin an, um künftig vor Vergewaltigungen durch andere Männchen geschützt zu sein. Diese

---

[41] R Wrangham, D Peterson: *Demonic Males*. Bloomsbury. London. 1997.

Partnerschaft ist ein Tauschgeschäft: Das Weibchen bietet dem Männchen regelmäßigen Sex dafür, dass er sie beschützt. Das hat auch einen biologischen Sinn. Wenn dieses Männchen das Weibchen beschützen kann, ist es wahrscheinlich eines der kräftigsten Männchen im Clan. Somit bekommt das Weibchen den Samen eines kräftigen Männchens.

Allianzen zwischen Affen sind auch eine Art von Partnerschaft. Bei den Schimpansen gibt es Allianzen zwischen Männchen, bei den Bonobos zwischen Weibchen. Befreundete Schimpansenmännchen zB putzen sich gegenseitig, teilen Futter und helfen einander bei Machtkämpfen. Das sind Tauschgeschäfte.

Partnerschaften in der Natur dienen einem Projekt oder basieren auf Tauschgeschäften. In unserer Gesellschaft ist eine Partnerschaft von Frau und Mann ein zentraler Baustein. Das ist nicht natürlich und daher ein Programm der menschlichen Box. Unser Wunsch nach einem Partner ist ein erlerntes mentales Bedürfnis. Wir lernen, dass man *"zu zweit durch's Leben geht"*. Diese Programmierung entsteht wie folgt:

- Die meisten Menschen leben uns das vor.

- In den meisten Geschichten, die wir hören, lesen oder sehen, ist das Ziel, einen Partner fürs Leben zu finden. In vielen Märchen geht es darum, seinen Märchenprinzen bzw seine Märchenprinzessin zu finden, mit dem/der man dann bis ans Lebensende glücklich ist.

- Menschen, die allein leben, werden als Außenseiter betrachtet.

Wir lernen, dass zwischen zwei Partnern ‚Liebe' sein soll. Diese romantische Vorstellung breitete sich erst ab der zweiten Hälfte des neunzehnten Jahrhunderts aus.[42] Davor war eine Partnerschaft (Ehe) eine Zweckgemeinschaft, die auf einem Projekt (Kinder) oder Tauschgeschäften basierte. Diese früheren Formen von Ehe waren also sehr viel näher an der Natur als die heutige Form, die auf lebenslanger Liebe basieren soll. Das mentale Bedürfnis nach lebenslanger Liebe erweiterte das mentale Bedürfnis nach einem Partner. Das erschwert die Erfüllung

---

[42] Rainer Harf, Bertram Weiß: *Romantische Evolution - Wie die Liebe in die Welt kam.* https://www.geo.de/wissen/gesundheit/6155-rtkl-romantische-revolution-wie-die-liebe-die-welt-kam

und schwächt die Menschen noch weiter, weil sie einer Illusion nachlaufen.

Aufgrund dieses Programms richten wir viel Energie auf das Finden eines Freund bzw einer Freundin und „der wahre Liebe" – statt unsere gesamte Energie in das weitere Wachstum zu stecken (was natürlich wäre).

> **Übung 82**: Wieviel Energie hast Du als Teenager in das Thema Freund/Freundin gesteckt?

Außerdem sind wir programmiert, dass eine Partnerschaft monogam sein soll. Wir sollten nur einen Partner haben und mit niemandem sonst intim sein (Sex haben). Ist das natürlich?

Das Wort *monogam* kommt von den griechischen Wörtern *monos* (= *allein*) und *gamos* (= *Ehe*). Es bedeutet, nur mit einem Partner eine Ehe (eine soziale Gemeinschaft bzw Partnerschaft) einzugehen. Dieses Wort sagt nichts über Sexualkontakte aus. Daher müssen wir zwischen sozialer und sexueller Monogamie unterscheiden. Wir sind programmiert, in einer Partnerschaft sozial und sexuell monogam zu sein.

Tiere, die Partnerschaften eingehen, sind sozial monogam. Das ist sinnvoll, weil die Aufzucht der Kinder beide Elternteile braucht. Sexuelle Monogamie gibt es in der Natur nicht. Sie ist eine menschliche Erfindung. Nur etwa 20 % der vorzivilisatorischen Naturvölker entwickeln sexuelle Monogamie als Teil ihrer Variante der menschlichen Box.

Sexuelle Monogamie ist nicht nur unnatürlich, sie setzt die Menschen unter Druck. Machen wir dazu ein Gedankenexperiment.

Stell Dir vor, Du bist verheiratet. Du fährst auf eine Dienstreise. Du begegnest jemandem. Nach einem guten Gespräch entsteht der beiderseitige Wunsch nach Intimität. Was machst Du? Wenn Du dem Wunsch nachgibst, hast Du danach Stress. Du musst vermeiden, dass Dein Partner davon erfährt. Wenn Du dem Wunsch nicht nachgibst, hast Du jetzt Stress. Du musst eine natürliche Regung unterdrücken. Gleichgültig, wie Du handelst, Du hast Stress.

Sexuelle Monogamie macht Partner voneinander abhängig. Sie werden zu gegenseitigen Sklaven für die Erfüllung eines Bedürfnisses nach Berührung. Das kann zu Machtspielen, Manipulation und Missbrauch führen. Außerdem macht sexuelle Monogamie Berührung und Intimität zu einem Schlüsselaspekt einer Partnerschaft. Die Vorstellung, dass der Partner mit jemand anderem intim ist, wird zur Qual. Die Tatsache, dass der Partner mit jemand anderem intim war, kann zu einer Krise führen, vielleicht zu einer Trennung. All das schwächt die Menschen.

Eine Partnerschaft kann Dich auch jenseits von Intimität und Sex limitieren.

Stell Dir vor, Du schreitest einen Weg entlang. Du kommst an eine Weggabelung. Was tust Du? Gehst Du rechts oder links? Vielleicht antwortest Du, dass Du das in der Situation spontan entscheiden würdest. Prima. Nun stell Dir vor, dass Du auf demselben Weg mit Deinem Partner unterwegs bist. Ihr kommt zur selben Weggabelung. Was tust Du? Idealerweise solltest Du so vorgehen, wie wenn Du allein wärest: Du entscheidest in der Situation spontan. Dabei solltest Du nicht auf Deinen Partner Bezug nehmen – und ihn auch nicht zwingen, Dir zu folgen. Selbstverständlich sollte auch Dein Partner das so machen. Was, wenn Dein Partner anders wählt? Dann geht Ihr getrennte Wege. Vielleicht trefft Ihr Euch zu einem späteren Zeitpunkt wieder … vielleicht auch nicht.

Sobald Du die Bindung an einen Partner, sonst einen Menschen, eine Gruppe oder auch Besitz in Deine Entscheidung miteinbeziehst, bist Du nicht frei in Deiner Entscheidung. Du bist limitiert.

Übung 83: Suche vergleichbare Situationen in Deinem Leben und analysiere sie.

Die übliche Vorstellung von Partnerschaft kann sogar lebensgefährlich sein, wie das nächste Gedankenexperiment zeigt.

Stell Dir vor, Du bist mit Deinem Partner auf Hochzeitsreise. Ihr habt eine Suite in einem Hotel in Sri Lanka gebucht. Es ist Sonntagmorgen, Du wachst mit dem Wunsch auf, heute die berühmte Königsstadt Kandy im Landesinneren zu besuchen. Du küsst Deinen Partner wach und schlägst vor, heute nach Kandy zu fahren. Er/Sie antwortet: *„Ich habe heute keine Lust dazu. Lass uns eine Ayurveda-Massage buchen und den restlichen Tag am Strand verbringen. Wir fahren morgen nach Kandy."* Du bist einverstanden. Doch ihr werdet Kandy nie sehen, denn das war Euer beider Todesurteil. Es ist der 26. Dezember 2004 und in ein paar Stunden überschwemmt ein Tsunami das Hotel. So wie alle Tiere hattest auch Du den Impuls, Dich im Landesinneren in Sicherheit zu bringen. Doch Du hast Deinen Wunsch, auch diesen Tag mit Deinem Partner zu verbringen, der Erfüllung dieses Impulses vorgezogen.

*

Ein weiteres mentales Bedürfnis ist der Kinderwunsch. Er ist die Fortsetzung des Wunsches nach einer Partnerschaft. Aus der Partnerschaft soll eine Familie mit Kindern werden. Man hört oft von Frauen, die auf den Vierziger zugehen: *„Jetzt noch rasch ein Kind bekommen, denn die biologische Uhr tickt."*

Vielleicht argumentierst Du, dass die Fortpflanzung natürlich ist und die Frauen daher tatsächlich das Muttersein erleben wollen. Vielleicht ja, vielleicht nein. Die Fortpflanzung ist natürlich. Allerdings ist die Mutter in der Natur so lange eine Vollzeitmutter, bis das Kind allein überleben kann; nicht länger, aber auch nicht kürzer. Welche Frau ist dazu bereit? Viele wollen oder müssen so rasch wie möglich wieder arbeiten gehen. Mit Kinderkrippen, Tagesmüttern und Großeltern wird das der Mutter zwar leichter gemacht, doch es ist nicht unbedingt gut für das Kind.

*

Die Fortsetzung des Wunsches, Mutter zu sein, ist der Wunsch, das ein Leben lang zu sein. Mit anderen Worten: Man lässt sein Kind nicht los. Andersherum bedeutet das, lebenslang Sohn oder Tochter zu sein. Man wird zwar älter, aber nicht wirklich erwachsen.

Stell Dir einen 20-jährigen Menschen vor. Beide Eltern sterben bei einem Autounfall. Es gibt keine Verwandten. Dieser Mensch muss nun die volle Verantwortung für sein Leben übernehmen. Das mag eine harte Erfahrung sein, aber sie ist sehr wertvoll. Eine Trennung von den Eltern macht erwachsen.

Eine Trennung von den Eltern muss nicht durch den Tod erfolgen. Wenn Vogelkinder alt genug sind, werden sie von den Eltern aus dem Nest gestoßen. Zwei Menschen, die sich selbst „aus dem Nest gestoßen" haben, sind Albert Einstein und Pablo Picasso.

Einstein lebte mit seinen Eltern in Deutschland. Als er 15 Jahre alt war, sind seine Eltern nach Italien gegangen, um ein Geschäft zu eröffnen. Albert blieb in Deutschland, um das Abitur zu machen. Doch er kam mit dem deutschen Schulsystem nicht zurecht. Er brach die Schule ab, reiste nach Italien und sagte seinen Eltern, dass er in die Schweiz gehen wird, um dort die Schule abzuschließen. Der Rest ist Geschichte. Picasso verließ seine Familie und Spanien im Alter von 20 Jahren, um in Paris zu leben, damals ein Zentrum der Kunst. Der Rest ist Geschichte.

Von diesen beiden Beispielen inspiriert, habe ich die Lebensläufe berühmter genialer Menschen geprüft. Die meisten davon haben die Verbindung zu einem oder beiden Elternteilen früh beendet oder verloren. Somit wurden sie weniger von ihren Eltern programmiert und mussten früh Verantwortung für sich selbst übernehmen. Die Eltern sind ein Hindernis bei der Entwicklung des jedem Kind innewohnenden Genies.

Es gibt viele Maßnahmen, um eine Eltern-Kind-Beziehung aufrechtzuerhalten: Familienfeiern wie Geburtstage, Weihnachten, Ostern usw; Geschenke wie Geld, Grundstücke, ein Auto oder Arbeitsleistungen. Das sind nichts anderes als versteckte Tauschgeschäfte, um die Eltern-Kind-Bindung aufrechtzuerhalten.

Übung 84: Leben Deine Eltern noch? Welche Bedeutung spielen sie in Deinem Leben? Welche Bedeutung spielst Du in ihrem Leben?

Übung 85: Hast du erwachsene Kinder? Welche Bedeutung spielen sie in Deinem Leben? Welche Bedeutung spielst Du in ihrem Leben?

*

Übung 86: Welche anderen mentalen Bedürfnisse findest Du in Dir?

Wachstum behindern

Um richtig zu wachsen, brauchst Du „nur" so zu leben, wie Du als Kind gelebt hast: Du erforschst neugierig die Welt, stellst ihr tausend Fragen und lauschst nach Antworten. Die Kraft, die Dich als Kind dazu angetrieben hat, war Dein geistiger Hunger, Deine wahre Neugier. Was ist damit geschehen?

Die Kraft Deiner Neugier wurde von den Menschen rund um Dich in Ersatzkanäle umgeleitet. Schauen wir uns an, wie das geschieht.

Stell Dir ein Kind vor, das ganz in sein Spiel vertieft ist. Es erforscht neugierig die Welt. Es ist Mittag und ein Elternteil ruft das Kind zum Essen. Das Kind sagt, dass es keinen Hunger hat, doch es muss gehorchen.

Hat es tatsächlich keinen Hunger? Ja, denn es war voll und ganz auf sein Spiel fokussiert. Stell Dir Picasso vor, wie er gerade ein Bild malt. Da ruft seine Frau: *„Pablo, Mittagessen ist fertig."* Kannst Du Dir ernsthaft vorstellen, dass Picasso Pinsel und Palette fallen lässt und sich auf den Braten stürzt?

Auch Du wirst erlebt haben, dass Du auf eine Mahlzeit vergessen hast, weil Du ganz bei dem warst, was Du getan hast. Doch Du hast nicht darauf vergessen, Deinen Hunger zu stillen. Du kannst das nicht vergessen, denn die Kraft des Hungers ist sehr stark. Jedes Baby ist ein lebender Beweis. Du kannst aber sehr wohl auf das Einhalten von Essenszeiten vergessen. Doch die sind nicht natürlich.

Zurück zum Kind. Das spielende Kind ist neugierig und stillt seinen geistigen Hunger durch das Spiel. Es wird aus seinem Spiel herausgerissen. Es wird zum Essen gezwungen, obwohl es nicht hungrig ist. Das erzeugt mehrere ungute Programme:

- Das Kind muss seine neugierige Erforschung der Welt beenden. Es *lernt*, dass seine Neugier falsch ist.

- Das Kind wird aus seinem Fokus herausgerissen. Es *verlernt*, fokussiert zu bleiben.

- Das Kind muss essen, obwohl es nicht hungrig ist. Es *lernt*, sich nach fremden Impulsen zu richten, statt nach den eigenen.

- Das Kind *lernt*, dass seine Gefühle und sein Instinkt weniger wert sind als Anweisungen von außen. Es *lernt*, dass es weniger wert ist als die Menschen, die diese Anweisungen geben. Es *lernt* ein Minderwertigkeitsgefühl.
- Neugier ist geistiger Hunger. Das spielende Kind ist zwar geistig, aber nicht physisch hungrig. Doch es *darf* nicht geistig essen, stattdessen *muss* es physisch essen. Das Kind *lernt*, seinen geistigen Hunger durch physische Nahrung zu stillen (zu versuchen) – was nicht geht.

Weil das in dieser oder ähnlicher Form wiederholt geschieht, werden diese Muster stärker und es entsteht jemand, der funktioniert, konsumiert und sich minderwertig fühlt.

Ist dem Kind das Essen als Ersatzkanal für seinen geistigen Hunger antrainiert worden, wird es, statt wahrhaft neugierig die Welt zu erforschen, pseudo-neugierig den Kühlschrank erforschen.

Die Bestätigung ist, dass Essen in unserer Gesellschaft eine überragende Rolle spielt. Diese Rolle geht *weit* über ein Stillen des natürlichen Nahrungshungers hinaus. Manche Menschen sind gierig nach Nahrungsmengen, andere nach Abwechslung. Süßwaren spielen dabei eine herausragende Rolle, weil sie rascher befriedigen als andere Nahrungsmittel.

> **Übung 87**: Wie ist Dein Essverhalten, wenn Du ganz in eine geliebte Tätigkeit eintauchst? Wie ist Dein Essverhalten, wenn Du eine ungeliebte Routinetätigkeit erledigen musst?

Es gibt noch weitere Arten der Umleitung der Neugier: Sammeln/Kaufen, Bewegung/Sport, Sex, Information, Reisen und Drogen. Ich bespreche diese Themen in meinem Buch über die Neugier

*

Eine weitere Methode, um die Menschen am Wachstum zu hindern, ist, sie abzulenken. Dafür sorgt die Unterhaltungsindustrie.

> **Übung 88**: Analysiere Dein Leben in Bezug auf Ablenkung. Wann lenkst Du Dich wie ab?

Der automatische Mensch

Wir haben zwei destruktive Kreisläufe erkannt:

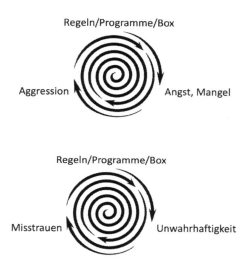

Außerdem stärkst Du ein Programm jedes Mal, wenn Du nach ihm handelst. (Je mehr Kaffee Du trinkst, desto stärker wird Dein Kaffee-Programm. Je mehr Du gesehen wirst, desto stärker wird Dein Gesehenwerdenwollen-Programm.)

Die menschliche Box verstärkt sich permanent selbst. Da sie Angst, Mangel, Aggression und Misstrauen erzeugt, fügen wir ständig neue Regeln hinzu, wodurch die menschliche Box noch enger wird. Dein geistiges Gefängnis wird also laufend stärker und enger. Der Autopilot übernimmt immer mehr die Kontrolle über Dich. Du wirst zum Roboter. Der *Homo sapiens* wird zum *Homo automaticus*.

Homo sapiens ⟹ *Homo automaticus*

Der *Homo automaticus* kann nicht überleben, denn es nehmen auch die folgenden Phänomene zu:

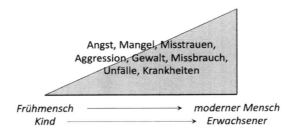

Frühmensch ⟶ moderner Mensch
Kind ⟶ Erwachsener

Die Menschheit hat einen Punkt erreicht, an dem die menschliche Box unerträglich geworden ist. Der Adler in uns kann kaum noch atmen. Die Konsequenzen sind:

(1) Einige Menschen werden immer lethargischer und kränker, weil die unweigerlich entstehende Aggression zur Auto-Aggression wird.

(2) Die anderen werden immer unruhiger und gewaltbereiter, weil die unweigerlich entstehende Aggression nach außen gerichtet wird.

Beides zerstört den Menschen – und die Menschheit.

Übung 89: Am Ende des ersten Kapitels hast Du die rote Kapsel gewählt. (Sonst hättest Du ja nicht weitergelesen.) Die folgenden Kapitel und Übungen seither haben Dir neue Perspektiven eröffnet. Reflektiere erneut über das Gefängnis für Deinen Verstand. Siehst Du einen Ausweg?

Übung 90: Betrachte die Menschheit. Erkenne, in wie vielen Abhängigkeiten die Menschen stecken. Wie könnten sie da wieder herauskommen?

Ich sehe einen Ausweg.

Die Menschheit ist den Weg des Misstrauens gegangen, weil das für uns natürlich war. Die menschliche Box konnte nicht anders entstehen (samt kollektiver Versklavung). Doch dieser Evolutionspfad ist zum Aussterben verurteilt. Der *Homo sapiens* wird zum *Homo automaticus*, der nicht überleben kann.

Unsere einzige Überlebenschance als Spezies ist, alternativ den Weg des Vertrauens zu gehen. Das ist eine Herausforderung, weil Misstrauen für uns natürlich ist (weil wir lügen können). Doch weil wir anders handeln *können*, als unseren Programmen und Vertrautheiten zu folgen, können wir ihn wählen.

Um diesen Weg zu gehen, musst Du vertrauen – Dir selbst und anderen. Doch das kann in der menschlichen Box nicht gelingen, weil sie unwahrhaftiges Handeln erzeugt. Du musst Dich also zuerst von Deinen Programmen befreien und die menschliche Box verlassen.

Es wäre schön, wenn die Menschheit – oder zumindest Gruppen von Menschen – diesen Weg kollektiv ginge bzw gingen. Doch das ist ein unerfüllbarer Wunschtraum.

Warum?

Die menschliche Box erzeugt viele Abhängigkeiten und Süchte. ZB bist Du süchtig danach, gesehen zu werden. Daher brauchst Du Menschen, die Dich sehen. Das macht Dich von anderen abhängig. In der menschlichen Box sind die Menschen auf unzählige Arten voneinander abhängig. Die menschliche Box ist ein Klebstoff, der die Menschen aneinander bindet.

Stell Dir einen Menschen als ein Sandkorn vor. Die menschliche Box (als Klebstoff) macht aus der Menschheit einen riesiger Sandklumpen. Stell Dir diesen Sandklumpen im oberen Teil einer Sanduhr liegend vor.[43]

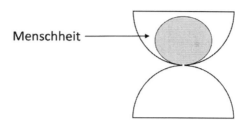

Der Sandklumpen (die Menschheit) kann nicht nach unten, dh in die Zukunft schreiten. Das ist die Sackgasse. Menschen können nur einzeln vorankommen. Dazu müssen sie sich von ihren Abhängigkeiten befreien. Dazu müssen sie sich von ihren Programmen befreien.

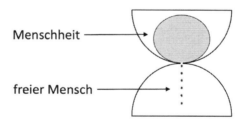

Jene, die den Mut haben, diesen Weg zu gehen, werden zu freien Menschen (*Homo liber*). Freie Menschen können eine neue Gesellschaft bilden, die auf Vertrauen aufbaut.

---

[43] Hannes Kutzler hat dieses Bild vorgeschlagen.

Der freie Mensch

Peter lebt in einem Hotel. Jeden Tag in der Früh geht er zum Hotelbuffet, um zu frühstücken. Für das Heißgetränk hat er Kaffee, Schwarztee und Grüntee zur Auswahl. Es ist sein hundertster Tag in diesem Hotel und er wählt Kaffee zum Frühstück. Warum hat er Kaffee gewählt?

Wir haben diese Frage schon einmal im Kapitel „Programme" gestellt. Für eine Antwort müssen wir wissen, was Peter an den 99 vorangegangenen Tagen gewählt hat. Er hat fast jeden Tag Kaffee gewählt. Das ist sehr wahrscheinlich ein Muster. Also hat sehr wahrscheinlich Peters Muster den Kaffee gewählt.

Hier die Wahrheit zu finden, braucht viel Selbstehrlichkeit, die wiederum viel Training erfordert. Selbstlüge und Selbsttäuschung lauern an jeder Ecke. Deshalb ist das Freiwerden von Deinen Programmen viel Arbeit. Du musst Dich, Dein Verhalten und Dein Denken wieder und wieder in Frage stellen. Denk an den Kommissar in Dir, der es mit dem Verbrecher in Dir aufnimmt.

Betrachte noch einmal die optische Täuschung.

Du siehst ein weißes Quadrat, weil Du *süchtig* nach dem Sehen von Quadraten bist. Doch Du weißt inzwischen, dass das nur eine Sucht ist und es in diesem Bild kein weißes Quadrat gibt. Daher *kannst* Du wählen, kein weißes Quadrat zu sehen. Allerdings ist das wegen Deiner Sucht nicht leicht.

Übung 5 (Wiederholung): Versuche, kein weißes Quadrat, sondern nur vier schwarze Dreiviertel-Kreisflächen zu sehen.

Mit Peters Frühstückskaffee ist es dasselbe. Sobald er *anerkennt*, dass er einem Muster folgt, kann er anders wählen – auch wenn das nicht leicht ist.

Peter erkennt das Muster und akzeptiert, dass er ihm folgt. Damit hat er die Wahl, entweder dem Muster (weiter) zu folgen, indem er den Kaffee trinkt, oder aus dem Muster auszusteigen, indem er anders wählt. Peter *wählt* den Ausstieg. Er geht noch einmal zum Buffet und holt sich einen Schwarztee.

Ist Peter jetzt frei? Nein. Aber er hat den ersten und wichtigsten Schritt für ein Freiwerden getan. Er hat das Muster erkannt, akzeptiert, dass er ihm folgt, und es einmal durchbrochen. Um von dem Programm frei zu werden, muss Peter auch weiterhin sein Verhalten beobachten und jedes Mal, wenn er dem Muster folgen möchte, anders wählen.

Peter beobachtet auch am nächsten Tag sein Verhalten und erkennt, dass sein Körper wieder nach Kaffee verlangt. Gibt Peter heute nach und trinkt wieder Kaffee, würde er sein Kaffee-Programm sogar verstärken und es würde für ihn noch schwerer, sich in Zukunft davon zu befreien.

Jedes Mal, wenn Du nach einem Programm handelst,
stärkst Du das Programm.
Jedes Mal, wenn Du anders handelst, schwächst Du es.

Diese Erkenntnis ist ein Schlüssel für das Freiwerden von Deinen Programmen. Du musst oft genug anders handeln, damit das Programm immer schwächer wird, bis es schließlich unbedeutend geworden ist.

Wählt Peter allerdings jedes Mal Schwarztee statt Kaffee, könnte er ein Schwarztee-Programm entwickeln. Daher sollte er seine Wahl von seinem Appetit abhängig machen. Auch das ist wieder ein Balanceakt.

Eines Tages wird Peter vor dem Buffet stehen, sich beim Wählen beobachten und erkennen, dass er frei wählen kann. Es ist kein Verlangen nach Kaffee mehr in ihm. An diesem Tag ist Peter von dem Programm frei geworden.

Peters Methode, um sich von seinem Kaffee-Programm zu befreien, funktioniert für jedes Verhalten; auch für soziales Verhalten. Um Dich von einem Programmen zu befreien, musst Du es erkennen und dann nach dieser Methode vorgehen. Da die menschliche Box aus sehr vielen Programmen besteht, ist das insgesamt viel Arbeit. Doch es ist der einzige Weg, um herauszufinden, was Deine wahre Natur und Dein volles Potenzial ist. Du musst alles beseitigen, was Du nicht bist.

*

Aldous Huxley hat das Eingesperrtsein in der menschlichen Box in seinem Roman *„Eiland"* so beschrieben:

> *Wenn ich wüsste, wer ich bin, würde ich aufhören,*
> *mich zu verhalten als das, was ich zu sein glaube;*
> *und wenn ich aufhörte, mich zu verhalten als das,*
> *was ich zu sein glaube, wüsste ich, wer ich bin.*
> *(Aldous Huxley in „Eiland")*

In die Sprache der Adler-im-Hühnerstall-Metapher übersetzt heißt das:

> *Wenn ich wüsste, dass ich ein Adler bin,*
> *würde ich aufhören, mich wie ein Huhn zu verhalten;*
> *und wenn ich aufhörte, mich wie ein Huhn zu verhalten,*
> *wüsste ich, dass ich ein Adler bin.*

Wenn der Adler seine wahre Natur erkennen und sein volles Potenzial entwickeln möchte, muss er sich vom Huhn-Programm befreien und den Hühnerstall verlassen. Wenn Du Deine wahre Natur erkennen und Dein volles Potenzial entwickeln möchtest, musst Du Dich von Deinen Programmen befreien und das soziale Leben der menschlichen Box verlassen.

*Indem Du Dich von dem befreist, was Du nicht bist,
bleibt übrig, was Du bist.*

*

Möchtest Du wissen, was Du (ohne Deine Programme) bist? Du musst Dir selbst wieder und wieder diese Frage stellen.

Was ist es Dir wert, von Deinen Programmen frei zu sein? Was bist Du bereit, dafür zu tun? Was bist Du bereit, dafür zu geben?

Wenn Du ein Meister des Tennisspiels werden möchtest, musst Du investieren. Du musst eine Ausrüstung kaufen. Du musst einen Trainer suchen, also jemanden, der Erfahrung mit dem Tennisspiel hat. Du musst viel Zeit in das Training stecken.

Wenn Du ein Meister in einer Fremdsprache werden möchtest, musst Du ebenso vorgehen. Du musst Lehrbücher und Wörterbücher kaufen. Du musst einen Sprachlehrer suchen, also jemanden, der Erfahrung mit dieser Sprache hat. Du musst viel Zeit in die Beschäftigung mit dieser Sprache stecken.

Wenn Du ein Meister im Spielen eines Instruments werden möchtest, musst Du ebenso vorgehen.

Wenn Du Dich von Deinen Programmen befreien möchtest, musst Du ein Meister Deiner Programme werden. Dazu musst Du wie oben beschrieben vorgehen.

Und Du musst loslassen. Denk an das Bild mit der Sanduhr. Du musst Dich von all Deinen Abhängigkeiten befreien.

Übung 91: Verschaffe Dir einen Überblick über Deine Abhängigkeiten. Mache eine Liste der Menschen, die in Deinem Leben sind. Beantworte für jeden Menschen auf dieser Liste die folgenden Fragen: Was erhältst Du von dem Menschen? Was gibst Du ihm? Erforsche die Tauschgeschäfte zwischen Dir und diesem Menschen. Wer dominiert wen in welchen Bereichen? Was wäre, wenn es diesen Menschen plötzlich nicht mehr gäbe?

Wenn Vogelkinder alt genug sind, verlassen sie das Nest (oder werden von ihren Eltern aus dem Nest geworfen). Als Kind hast Du bei Deinen Eltern gelebt. Das war Dein Nest. Eines Tages bist Du ausgezogen (oder auch noch nicht) und hast Dir ein neues Leben aufgebaut.

Doch das ist eine Illusion. Du hast Dein physisches Nest verlassen, aber nicht Dein geistiges Nest. Du hast Dir ein Leben aufgebaut, das in vielen Belangen dem Leben Deiner Eltern ähnlich ist. Und nicht nur das. Es ist in vielen Belangen dem Leben der meisten Menschen ähnlich.

Erkennst Du einmal mehr die menschliche Box?

Dich von Deinen Programmen zu befreien bedeutet, Dich vom *geistigen* Erbe Deiner Eltern und Tausender Generationen davor zu lösen. Es bedeutet, das *geistige* Nest der Menschheit zu verlassen. Das geschieht unter anderem dadurch, dass Du Dich von allem trennst, das durch die menschliche Box in Dein Leben getreten ist. Allerdings weißt Du nicht, was das ist. Vielleicht Dein Wohnort, vielleicht Dein Beruf, vielleicht Dein Partner. Vielleicht das alles.

Freiwerden

Nennen wir die Methode, um sich von seinen Programmen zu befreien und die menschliche Box zu verlassen, *Freiwerden*. Um zu verstehen, wie diese Methode funktioniert, musst Du zunächst verstehen, wie Du programmiert wirst.

Du wirst programmiert, weil Du lebst.

Jede Lebensform wird ständig von ihrer Umgebung programmiert, weil sie formbar ist (siehe das Kapitel „Der Mensch"). Das ist bei Dir ebenso.

> *Du kannst nichts dagegen tun, dass Du programmiert wirst.*
> *Doch weil Du ein Mensch bist und daher wählen kannst,*
> *kannst Du beeinflussen, wie Du programmiert wirst.*

Übung 92: Reflektiere über Deine Formbarkeit. Mache eine Liste Deiner sozialen Interaktionen der vergangenen 24 Stunden. Finde für jede Interaktion, welche Programmierungen dadurch bei Dir entstanden sind.

Übung 93: Mache eine Liste Deines Medienkonsums der vergangenen 24 Stunden. Finde in jedem Konsum, welche Programmierungen dadurch bei Dir entstanden sind.

Du wirst auf drei Arten programmiert.

- Du wirst von Deiner Umgebung programmiert, indem Du sie wahrnimmst.
- Du wirst von anderen Menschen programmiert, indem Du sie wahrnimmst oder mit ihnen interagierst.
- Du wirst von Dir selbst programmiert, indem Du handelst und denkst.

Du wirst durch alles, was Du wahrnimmst, programmiert. Du wirst durch alles, was Du liest oder hörst, programmiert. Du wirst durch jede soziale Interaktion programmiert. Du wirst durch alles, was Du tust, sagst oder denkst, programmiert.

Je öfter Du Kaffee trinkst, desto stärker wird Dein Kaffee-Programm. Je öfter Du andere Menschen beim Kaffeetrinken siehst, desto stärker wird Dein Kaffee-Programm. Je öfter Du Kaffee-Werbung siehst, desto stärker wird Dein Kaffee-Programm. Je öfter Du ans Kaffeetrinken denkst, desto stärker wird Dein Kaffee-Programm. Kein Wunder, dass Kaffeetrinken auf diesem Planeten eine so dominante Rolle spielt. Dieses Programm wird durch die Menschen, die es bedienen, laufend verbreitet und verstärkt.

*

Ich biete Dir für das Freiwerden ein Bild an. Stell Dir einen Menschen als einen Schwamm vor.

Du wirst als trockener Schwamm geboren. Deine Eltern sind nasse Schwämme. Die Nässe entspricht ihren Programmen.

Nasse Schwämme spritzen permanent um sich; sie sind wie Sprinkler.

Wenn Du aufwächst, spritzen Dich die Menschen, die um Dich herum sind, wie zB Deine Eltern, ständig an. So wirst Du mit der Zeit auch ein nasser Schwamm: Du übernimmst die Nässe (die Programme) Deiner Eltern oder anderer Bezugspersonen.

Das gilt für jede soziale Interaktion. Menschen, die miteinander Umgang haben, spritzen einander an. Das ist unvermeidlich. Daher werden Menschen, die zusammenleben, einander immer ähnlicher.

Medien sind Sprinkler – intensive Sprinkler; sie sind wie Gartenschläuche. Daher wirst Du vom Medienkonsum nass. Medien bringen mehr und mehr Nässe in die Menschheit, dh mehr und mehr Programme. Medien programmieren die Menschheit.

Um Dich von Deinen Programmen zu befreien, musst Du Dich (Deinen Schwamm) trocknen. Dafür ...

- ... musst Du aufhören, angespritzt zu werden; Du musst Dich von der Spritzerei der Menschen und der Medien fernhalten;

- ... musst Du Dich durch Selbsterforschung von Deiner Nässe befreien. Selbsterforschung ist ein Trocknungsprozess.

Die Methode

Das Befreien von Deinen Programmen und somit der Ausstieg aus der menschlichen Box braucht die folgenden Zutaten:

- Neugier
- Ernsthaftigkeit
- Mut
- Ausdauer
- Geduld
- Fokus
- Disziplin
- Egoismus

Egoismus und Disziplin sind das Fundament.

In der menschlichen Box lernen wir, dass Egoismus schlecht ist. *Ego* ist das lateinische Wort für *„Ich"*. *Egoismus* bedeutet *„Ich-Bezogenheit"*; es bedeutet, sich selbst an die erste Stellen zu setzen. Das ist natürlich. Jedes Tier tut das. Jedes Kind tut das – bis es lernt, Egoismus als schlecht zu betrachten.

Egoismus ist die Grundvoraussetzung dafür, Dein volles Potenzial zu leben. So gut wie alle Menschen, die besondere Leistungen erbracht haben oder erbringen waren oder sind egoistisch. Einstein war egoistisch. Picasso war egoistisch. Spitzensportler sind egoistisch. Erfolgreiche Menschen sind egoistisch.

Wenn Du Deine wahre Natur kennenlernen und Dein volles Potenzial leben willst, musst Du egoistisch sein.

Egoismus *kann* eine Gefahr sein, wenn er mit Machtausübung kombiniert wird. Diese Kombination entsteht aus dem illusionären Freiheitsbegriff, der Freiheit mit Macht gleichsetzt. (Siehe Kapitel „Freiheit".) Dieser Freiheitsbegriff führt zu Machtkämpfen, in denen Egoismus zur rücksichtslosen Durchsetzung eigener Wünsche und

Interessen auf Kosten anderer wird. Das Ergebnis sind Manipulation und Missbrauch.

Übung 94: Reflektiere über Deine Perspektive von Egoismus. Welche Erfahrungen hast Du mit Egoismus gemacht – bei Dir und bei anderen? Erforsche, wie Du Egoismus zur Förderung Deines Wachstums einsetzen kannst.

Übung 95: Reflektiere über Deine Perspektive von Disziplin und ihre Bedeutung für Dein Projekt ‚Freiwerden'.

Übung 96: Reflektiere über die Bedeutung der anderen Zutaten für Dein Projekt ‚Freiwerden': Neugier, Ernsthaftigkeit, Mut, Ausdauer, Geduld und Fokus.

Die Methode besteht aus sieben Schritten:

Schritt 1

Anerkenne, dass Du zu etwa 99 % auf Autopilot bist und dass die menschlichen Box Dein geistiges Gefängnis ist.

Schritt 2

Entscheide, dass Du wissen möchtest, was/wer Du ohne Deine Programme, dh ohne die menschliche Box bist.

Schritt 3

Anerkenne, dass Du Dich dazu von Deinen Programmen befreien und die menschliche Box verlassen musst.

Schritt 4

Nimm Dir ausreichend Zeit für Dein Projekt ‚Freiwerden'. Zeit für Freiwerden ist verschieden von ‚Zeit für Dich'. Vielen dient Zeit für sich der Erholung von den vielen stillen Vereinbarungen, die sie mit anderen haben, wie zB Partnern, Kindern, Eltern und Freunden. Sie verwenden Zeit für sich, um spazieren zu gehen, einen Film zu schauen, ein Buch zu lesen, ein entspannendes Bad zu nehmen, usw. Zeit für Freiwerden ist alles andere als Erholung. Es ist Zeit allein, in der Du intensiv geistig mit und an Dir arbeitest. Diese geistige Arbeit heißt *Selbsterforschung*.

Wie viel Zeit musst Du investieren?

Das hängt davon ab, wie ernst Du das Projekt ‚Freiwerden' nimmst. Wie viel Zeit würdest Du für ein Projekt ‚Tennis lernen' oder ‚Spanisch lernen' aufwenden? Du würdest wahrscheinlich jede Woche eine gewisse Anzahl von Stunden damit verbringen und gelegentlich ein Tennis-Camp oder Spanisch-Camp machen. Ein Camp ist ein Zeitraum von mehreren Tagen oder Wochen, den Du ausschließlich Deinem Projekt widmest. Gehe für das Freiwerden ebenso vor. Nimm Dir jede

Woche ein paar Stunden Zeit dafür und mache zusätzlich gelegentlich Freiwerden-Camps.

Ein Freiwerden-Camp sollte mindestens eine Woche, besser mehrere Wochen dauern. Verbringe diese Zeit, wenn möglich, nicht in Deiner gewohnten Umgebung. Verzichte auf Sozialkontakte und Medienkonsum. Betreibe Selbsterforschung. Verbringe Zeit in der Natur – allein. Die Natur ist frei von menschlichen Programmen. Sie ist das Gegenstück zur menschlichen Box. Sie unterstützt Dich bei der Befreiung von Deinen Programmen. Wenn Du alleine in der Natur bist, reprogrammiert sie Dich mit natürlicher Wahrhaftigkeit. Das schwächt die menschliche Box.

Wie betreibst Du Selbsterforschung?

Selbsterforschung ist intensive Gedankenarbeit, bei der Du nach Deiner Wahrheit gräbst.

Die Übungen in diesem Buch sind die erste Phase der Selbsterforschung. Sie führen Dich in die Selbsterforschung ein. Du übst anhand gegebener Fragen, Dich selbst zu erforschen. Zusätzlich bereiten die Übungen die zweite Phase vor.

In der zweiten Phase musst Du die Fragen, mit denen Du Dich erforscht, selbst finden.

Wie findest Du sie?

Stell Dir Deine Programme als Leichen vor, die mit einem Stein beschwert in einem See versenkt wurden. Wenn ein Programm reif ist, um gemeistert zu werden, steigt es an die Oberfläche.

Die Übungen in diesem Buch (Phase 1) rütteln an diesen „versenkten Leichen". Das bereitet ihr Auftauchen vor. Ein Auftauchen kann sich auf verschiedene Arten zeigen:

- durch Gedanken(schleifen)
- durch Gefühle
- durch Handlungen
- durch Schmerzen

- durch eine Erkrankung
- durch einen Unfall
- durch eine Begegnung
- durch eine Beobachtung
- durch eine Schlagzeile, auf die Dein Blick fällt
- durch ein Wort oder einen Satz, den Du aufschnappst
- usw

Beobachte Deine Gedanken (Geisteszustände), Gefühle (Körperzustände), Handlungen und Deine Umgebung. Eine „auftauchende Leiche" zeigt sich entweder durch ein einzelnes starkes Signal oder durch mehrere zeitlich benachbarte schwächere Signale.

Sodann beginnt die Forschung: Welches Programm zeigt sich durch das Signal? Stelle Fragen wie zB:

- Hat das Signal etwas mit meiner aktuellen Lebenssituation zu tun?
- Hat das Signal etwas mit meiner Vergangenheit zu tun?
- Hat das Signal etwas mit meinen Eltern zu tun?
- usw

Wenn Du zB einen Streit zweier Menschen beobachtest, frage Dich, ob Du mit jemandem einen Streit hast oder ob es in Dir einen Streit gibt. Welches Programm liegt diesem Streit zugrunde?

Antworten auf solche Fragen zu finden, ist im eigentlichen Wortsinn eine *Meditation*. Dieses Wort kommt vom lateinischen Wort *meditari* (= *über etwas nachdenken*; wörtlich: *geistig abmessen*). Stell Dir einen Schneider vor, der einen Menschen abmisst, damit er ein Kleidungsstück anfertigen kann. So meditierst Du im eigentlichen Wortsinn: Du betrachtest einen geistigen Inhalt von möglichst vielen Seiten. Du erforscht ihn; Du suchst nach Verbindungen. Meditation ist Forschung.

Dieses Verständnis von Meditation ist verschieden von dem, was die meisten Menschen heute darunter verstehen. Meist wird versucht, während einer Meditation die auftauchenden Gedanken zu ignorieren.

Oder es wird ein Mantra rezitiert in der Hoffnung, dass der Gedankenstrom versiegt und man die Gedankenlosigkeit genießen kann. Doch Deine Gedanken sind Rufe Deiner inneren Stimme. Gedankenschleifen sind Schreie Deiner inneren Stimme.

Wenn Du Dich von Deinen Programmen befreien willst, darfst Du Deine innere Stimme nicht ignorieren. Du musst lernen, zu verstehen, was sie sagt.

Manche spirituelle Lehrer sagen: *„Du bist nicht Deine Gedanken. Deine Gedanken haben nichts mit Dir zu tun."* Doch das Gegenteil ist der Fall. Deine Gedanken haben *alles* mit Dir zu tun. Du musst akzeptieren, was Du *heute* bist – und das schließt Deine Programme mit ein. Du musst sie als Dein geistiges Gefängnis anerkennen. Nur dann kannst Du Dich von ihnen befreien. Mehr als 99 % Deiner Gedanken entstehen aus Deinen Programmen. Daher kannst Du an Deinen Gedanken Deine Programme erkennen. Indem Du ein Programm erkennst, es verstehst und es fortan genau beobachtest, kannst Du es meistern. Sobald das gelungen ist, versiegen die von diesem Programm erzeugten Gedanken bzw Gedankenschleifen von selbst. Je mehr Programme Du meisterst, desto ruhiger wird es in Dir.

Übung 97: Lege oder setze Dich hin. Welcher Gedanke erscheint? Erforsche ihn. Was will er Dir sagen? Erscheint dieser Gedanke öfter? Gibt es Muster seines Auftretens? Gibt es Verbindungen zu Deiner Lebenssituation? Gibt es Verbindungen zu Erlebnissen aus der Kindheit? Gibt es Verbindungen zu Deinen Eltern?

Zusätzlich zu Deinen Gedanken ist Dein Körper Dein wichtigster Führer beim Freiwerden. Er spricht mit Dir. Er leitet Dich.

Übung 98: Lege oder setze Dich hin. Beobachte Deinen Körper. Hast Du Schmerzen? Wenn ja, erforsche den Schmerz. Wie ist er? Wo im Körper tritt er auf? Hat Dein Körper früher schon so gesprochen? Seit wann spricht er auf diese Weise? Gibt es Verbindungen zu Deinen Handlungen oder Gedanken? Gibt es Verbindungen zu Deiner Lebenssituation? Gibt es Verbindungen zu Erlebnissen aus der Kindheit? Gibt es Verbindungen zu Deinen Eltern?

Die ganze Welt gibt Dir Hinweise. Der Grund dafür ist die Natur unserer Existenz, die ich im Kapitel 16 des Buches über das Bewusstsein erkläre.

Übung 99: Betrachte die vergangenen 24 Stunden Deines Lebens. Gab es ein markantes Erlebnis? Welche Menschen hast Du getroffen? Was verbindest Du mit diesen Menschen? Hat etwas, das sie zu Dir gesagt haben, Dich wiederholt beschäftigt? Was hat das mit Dir zu tun? Stelle ähnliche Fragen wie in der vorigen Übung.

Deine Gedanken, Dein Körper und die ganze Welt helfen Dir nicht nur beim Freiwerden von Deinen Programmen, sie zeigen Dir auch, was Du zu tun hast, um Deinen Lebenszweck zu erfüllen. Doch das ist ein anderes Thema …

*

Ein weiteres nützliches Bild für das Freiwerden ist eine Zwiebel. Jedes Programm ist wie eine Zwiebelschale. Du musst äußere Schalen entfernen (dh die entsprechenden Programme meistern), bevor Du innere Schalen bearbeiten kannst. Manche Programme kommen mehrfach vor, dh sowohl als weiter außen liegende als auch als weiter innen liegende Schalen.

Ich nenne dieses Projekt auch *„die Erstbesteigung des Mount ICH"*. Niemand kann diesen Berg besteigen. Nur Du kannst das tun.

Schritt 5

Wenn Du ein Programm erkannt hast, wende Peters Methode zum Freiwerden von seinem Kaffee-Programm an. Beobachte Dich möglichst lückenlos und achte darauf, wann das Programm „zuschlägt", dh eine Handlung oder einen Gedanken hervorbringt. Zunächst wird es Dir wahrscheinlich erst auffallen, nachdem die Handlung oder der Gedanke entstanden sind. Wenn Du beim Beobachten bleibst, wirst Du das Programm immer früher erkennen, bis Du es erkennst, *bevor* es zuschlägt. Wenn Du diesen Punkt erreicht hast, kannst Du das Programm stoppen (in der Sprache der Kommissar-Verbrecher-Metapher: *„das Verbrechen verhindern"*). Du tust das, indem Du willentlich *anders* handelst bzw denkst. Oft wird Dir das nicht leicht fallen. Doch es ist der Schlüssel für das Freiwerden vom Programm.

Zur Erinnerung:

Jedes Mal, wenn Du nach einem Programm handelst,
verstärkst Du das Programm.
Jedes Mal, wenn Du anders handelst, schwächst Du es.

Schritt 6

Dehne die Zeit für die Selbsterforschung aus. Integriere die Selbsterforschung in Dein Leben. Sei Dir möglichst permanent Deiner Gedanken, Gefühle und Handlungen gewahr, um (a) die Ausführung bereits erkannter Programme zu stoppen und (b) neue Programme zu finden.

Sei Dir permanent gewahr, dass Du in einer Gesellschaft lebst, die von der menschlichen Box gesteuert ist. Alle um Dich herum sind auf Autopilot.

Sei Dir permanent gewahr, dass Dich Deine Umgebung und allen anderen Menschen permanent programmieren.

Sei demütig. Indem Du diesen Weg gehst, bist Du nicht besser als die anderen, Du bist *anders* als sie.

Von je mehr Programmen Du Dich befreit hast, desto näher kommst Du Deiner Wahrheit, desto herausfordernder ist der soziale Umgang mit anderen Menschen und desto angenehmer und kraftvoller erlebst Du Zeit allein. Du wirst gefragt werden, was mit Dir los ist. Manche werden Dich egoistisch schimpfen. Manche werden böse auf Dich sein, weil Du aufhörst, Muster der menschlichen Box zu bedienen – und weil Du „*nein*" sagst in Situationen, in denen Du bisher „*ja*" gesagt hast (oder umgekehrt); und weil Du Dich nicht mehr manipulieren und missbrauchen lässt.

Es ist nicht einfach, in einem Hühnerstall ein aufwachender Adler zu sein.

Die alles entscheidende Frage ist: Nimmst Du Dich und Deinen Weg des Freiwerdens ernst?

Schritt 7

Bist Du zufrieden mit dem, was Du bis jetzt erreicht hast? Möchtest Du mehr?

Gibt es noch mehr zu finden?

Ja! Stell Dir einen Geparden vor, der in einem Zoo geboren wurde. Er trägt zwar das Potenzial in sich, 120 km/h zu laufen, doch er hat dieses Potenzial nie entwickelt. Im Zoo braucht er diese Fähigkeit nicht, denn seine Nahrung kommt von einem Tierwärter. Außerdem bietet ihm sein Gefängnis gar nicht den Platz, um so rasch zu laufen. Wenn er sein volles Potenzial entwickeln möchte, muss er raus aus dem Zoo – raus aus der Box. Er muss sich von den anderen Tieren verabschieden. Er muss darauf verzichten, von seinem Wärter gefüttert zu werden. Er muss die Sicherheit aufgeben und volles Risiko eingehen. Die Wildnis ist die einzige Umgebung, in der er eine *Chance* hat, sein volles Potenzial zu entwickeln.

Auch Du kannst Dein volles Potenzial nur entwickeln, wenn Du Dich von Deinen Programmen befreist und die menschliche Box verlässt. Erinnere Dich an das Bild von der Sanduhr:

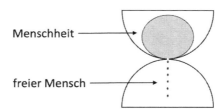

Deine Umgebung programmiert Dich permanent. Jeder soziale Umgang programmiert Dich. Jeder Medienkonsum programmiert Dich. Jede Wahrnehmung programmiert Dich. Schaffe Dir daher eine Umgebung, die Dein Verlassen der Box fördert: möglichst wenig menschliche Box, möglichst viel Natur.

*

Wann bist Du damit fertig?

Nie. Dich von Abertausenden Jahren menschlicher Programmierung zu befreien ist eine Lebensaufgabe.

Nach mehr als neun Jahren auf diesem Weg habe ich mich von vielen Programmen befreit und bin meiner Wahrheit sehr viel näher gekommen – und komme ihr auch weiterhin jeden Tag ein weiteres Stück näher.

Glossar

Nachfolgend steht die Abkürzung ‚PIE' für ‚proto-indoeuropäisch'.

*

Adam (hebräisch): *Mensch*

Aggression: lateinisch *ad* (= *zu*) + *gradi* (= *schreiten*)

Angst: PIE **angh* (= *eng*)

Bedürfnis: mittelniederdeutsch *bederfnisse* (= *Mangel*)

denken: altenglisch *þencan* (= *vorstellen, im Verstand ausmalen*)

Ego (lateinisch): *Ich*

Emotion: lateinisch *ex* (= *hinaus*) + *movere* (= *bewegen*)

epi- (gr): *darüber, darauf*

forschen: PIE **prk-* (= *fragen*)

Friede: PIE **prai-* (= *gernhaben, schonen*)

fühlen: altenglisch *felan* (= *wahrnehmen, spüren*)

funktionieren: lateinisch *fungi* (= *ausführen*)

Geist: „*Verstand, Denkvermögen, Erkenntnisvermögen, Gespenst*"; ursprünglich die Übersetzung von lateinisch *spiritus*; von *spirare* (= *atmen*)

Heureka (gr): *Ich habe (es) gefunden!*

Hunger: PIE **kenk-* (= *brennen*)

improvisieren: lateinisch *in* (= *nicht*) + *providere* (= *vorhersehen*)

kreativ: lateinisch *creare* (= *wachsen*)

Leben: PIE **leip-* (= *kleben*)

manipulieren: französisch *manipule* (= *mit der Hand auf etwas einwirken*; wörtlich: *so viel Kräuter, wie man auf einmal mit der Hand fassen kann*); von lateinisch *manus* (= *Hand*) + *plere* (= *füllen*)

Meditation: lateinisch *meditari* (= *über etwas nachdenken, nachsinnen*, wörtlich: *geistig abmessen*)

monogam: griechisch *monos* (= *allein*) + *gamos* (= *Ehe*)

natürlich: lateinisch *naturalis* (= *durch die Geburt*); von *nasci* (= *geboren werden*)

Nocebo (lat): *Ich werde schaden*

normal: lateinisch *norma* (= *Regel, Muster*)

Optimismus: lateinisch *optimus* (= *am besten*)

peace: PIE **pag-* (= *festmachen*)

Pessimismus: lateinisch *pessimus* (= *am schlechtesten*)

Placebo (lat): *Ich werde gefallen*

plastisch: griechisch *plassein* (= *formen, gestalten*)

Roboter: tschechisch *robotnik* (= *Zwangsarbeiter*)

tauschen, täuschen: mittelhochdeutsch *tiuschen* (= *unwahr reden, betrügen*)

vertrauen: PIE **deru-* (= *hart, fest*); das ist auch die Wurzel des englischen Wortes *true* (= *wahr*).

Wissen: PIE **weid-* (= *sehen*)

Ressourcen

Bücher:

(B Kutzler) Neugier: Der geistige Hunger des Menschen

Dieses Buch beschreibt Deine wichtigste Kraftquelle. Ich erkläre darin, wie sich die Neugier im Kind entwickelt und wie ihre Kraft in der menschlichen Box in Ersatzkanäle umgeleitet wird. Das zu verstehen hilft Dir, Deine wahre Neugier wieder zu befreien.

(B Kutzler) Bewusstsein: Natur – Zweck – Verwendung

Dieses Buch ist eine Gebrauchsanweisung für Dich selbst. Ich erkläre im Detail, welche körperlichen und geistigen Mechanismen in Dir wirksam sind, was Bewusstsein und was die Natur unseres Seins ist.

Webseite:

    https://www.BernhardKutzler.com/

Kontakt:

    Anfragen an: freisein@kutzler.com

Danksagung

Ich danke Hannes Kutzler für inhaltliche Gespräche, die zu tieferen Einsichten geführt und damit das Buch besser gemacht haben. Ich danke Hannes auch für den Entwurf des Buchumschlags und denBuchtrailer.

Weiters danke ich Klaus-Jürgen Kutzler, Sylvia Eugenie Huber und Sabine Leitner für Rückmeldungen zum Text sowie Birgitt Decker für das Korrektorat.

Printed in Poland
by Amazon Fulfillment
Poland Sp. z o.o., Wrocław